Dr. Tobias Mahlstedt

# Die 120 wichtigsten Vermieter-Fragen – rechtssicher beantwortet

## Von der Mieter-Auswahl über die Betriebskostenabrechnung bis hin zu Mietsachen vor Gericht

Bibliografische Information der Deutschen Bibliothek
Die Deutsche Bibliothek verzeichnet diese Publikation
in der Deutschen Nationalbibliografie;
detaillierte bibliografische Daten sind im Internet
über http://dnb.ddb.de abrufbar

**Impressum**

Theodor-Heuss-Straße 2–4 · 53177 Bonn
Telefon +49 228 8205-0 · Telefax +49 228 3696010
info@gevestor.de · www.gevestor.de

Bereichsvorstand: Hans Joachim Oberhettinger
Autor: Dr. Tobias Mahlstedt (V.i.S.d.P)
Satz: ce redaktionsbüro für digitales publizieren, Heinsberg
Druck: CPI books GmbH, 25917 Leck
Umschlag: fotolia/mariok1979

ISBN 978-3-8125-2243-4

**Haftungsausschluss**

# Vorwort

Wie war das nochmal? Gab es da nicht etwas Bestimmtes zu beachten? Und hat sich vielleicht mittlerweile die Rechtslage geändert?

Die tägliche Vermietungspraxis stellt sehr hohe Anforderungen an Sie, wobei jeder kleine Fehler weitreichende und unangenehme Folgen haben kann. Kein Wunder also, dass viele Vermieter und Mietverwalter unsicher agieren – zur (Schaden-)Freude ihrer Mieter.

Damit ist jetzt Schluss. In diesem Buch habe ich die für Sie wichtigsten Fragen aus dem typischen Vermietungsalltag beantwortet. Rechtssicher und aktuell. So wissen Sie punktgenau und sehr schnell so verlässlich Bescheid, als seien Sie persönlich vom Fachanwalt beraten worden.

Das spart Ihnen Zeit, Geld und Ärger – und verhilft Ihnen zu Ihrem Recht.

*Dr. Tobias Mahlstedt*

# Inhalt


**Neuvermietung, Mietvertrag und Mieterauswahl ........ 7**

1 Darf ich den Mietvertrag anfechten, wenn der Mieter später nicht zahlt? ........ 8
2 Muss ich den Nachmieter meines Mieters akzeptieren? ........ 9
3 Mietpreisbremse: Muss ich frühere Mietminderungen bei der Vormiete berücksichtigen? ... 10
4 Mein Mieter kündigt den Mietvertrag fristlos wegen Schimmel. Darf er das? ........ 11
5 Welche Angaben muss ich in meine Immobilienanzeige aufnehmen? ........ 12
6 Müssen Mieter für den Energieausweis ihre Verbrauchsdaten mitteilen? ........ 13
7 Meine Mieterin möchte ihre Wohnung untervermieten:
Kann ich einen Zuschlag verlangen? ........ 14
8 Muss ich Mietschuldenfreiheit bescheinigen? ........ 16
9 Muss ich die Mietwohnung jedes Mal vor Mietbeginn fotografieren? ........ 16
10 Kann ich den Tag der Wohnungsrückgabe selbst bestimmen? ........ 18
11 Darf ich für den Notfall einen Schlüssel behalten? ........ 19
12 Darf ich ein generelles Tierverbot im Mietvertrag festhalten? ........ 20
13 Kann ich die schriftliche Vereinbarung des Mietvertrags jetzt noch nachholen? ........ 22
14 Darf ich meinem Mieter bei falscher Selbstauskunft fristlos kündigen? ........ 23
15 Muss ich meinem Mieter für die Mieten eine Rechnung schreiben? ........ 24
16 Führt ein hausinterner Umzug zu einem neuen Mietvertrag? ........ 25
17 Kann ich ohne Weiteres an einen erst 17-jährigen Auszubildenden vermieten? ........ 26

**Mietkaution ........ 27**

18 Darf mein Mieter die Kaution wegen Mängeln zurückhalten und sogar mindern? ........ 28
19 Anwalt fordert sofortige Kautionsrückzahlung: Muss ich seine Kosten zahlen? ........ 29
20 Sind bei der Bürgschaft mehr als 3 Kaltmieten erlaubt? ........ 31
21 Gibt es für die Rückzahlung der Kaution eine feste Frist? ........ 32
22 Muss der Mieter die Kaution nicht zahlen wenn keine Raten vereinbart worden sind? ........ 34
23 Darf ich die Mietkaution während der Mietzeit verwerten? ........ 35
24 Darf ich die Kaution für Betriebskostennachzahlungen zurückhalten? ........ 36
25 Wann verjährt meine Forderung auf Mietkaution? ........ 37
26 Gleiche Mietkaution bei unzutreffender Wohnfläche? ........ 38

**Modernisierung und Instandhaltung ........ 39**

27 Muss der Mieter auf meine Duldungsanfrage reagieren? ........ 40
28 Kann ich von meinem Mieter die Reparatur kleinerer Schäden verlangen? ........ 41
28 Ist meine Modernisierungs-Mieterhöhung erst nach Bezahlung der Rechnungen wirksam? .. 42
29 Darf mein Mieter den Einbau von Wasseruhren verlangen? ........ 43
30 Darf der Mieter meinen Handwerker zurückweisen? ........ 44
31 Muss mein Mieter auch Modernisierungsarbeiten für eine andere Wohnung dulden? ........ 45
32 Mein Mieter verweigert die Instandsetzung bzw. Modernisierung.
Darf ich ihm fristlos kündigen? ........ 46
33 Für welche Kleinreparaturen muss mein Mieter zahlen? ........ 47
34 Altbauwohnungen: Mein Mieter verlangt die Modernisierung – zu Recht? ........ 48
35 Darf mein Mieter gegen meinen Willen modernisieren? ........ 50
36 Ich möchte Gewerberäume modernisieren – welche Besonderheiten habe ich
dabei zu beachten? ........ 51

**Mietgebrauch ........ 53**

37 Darf ich das Aufstellen einer Waschmaschine in der Wohnung untersagen? ........ 54
38 Der Teppich in der Mietwohnung ist verschlissen – muss ich dafür aufkommen? ........ 55

39 Darf ich meinem Mieter die Nutzung eines Schuppens widerrufen? ........ 56
40 Grillen auf dem Balkon: Was darf der Mieter und was darf er nicht? ........ 57
41 Darf mein Mieter seine Wohnung leer stehen lassen? ........ 59
42 Die Parkplätze sind immer wieder blockiert. Darf ich abschleppen lassen? ........ 60
43 Darf ich die Wohnung meines Mieters mal besichtigen? ........ 61
44 Immer wieder Streit um Tabakrauch – wie ist die Rechtslage? ........ 63
45 Müssen die Mitmieter Klavierspiel ertragen oder darf ich kündigen? ........ 64
46 Hafte ich meinem Mieter für Putzabbruch? ........ 66
47 Können Mieter eine generelle Erlaubnis zur Untervermietung verlangen? ........ 67

**Betriebs- und Heizkosten ........ 69**
48 Muss mein Mieter „die Betriebskosten" zahlen? ........ 70
49 Hat der Mieter die Betriebskostenumlage durch Zahlung akzeptiert? ........ 71
50 Muss ich dem Mieter die Gesamtkosten erklären? ........ 72
51 Wie schütze ich mich bei der Korrespondenz mit dem Mieterverein? ........ 73
52 Kann ich einfach die Hausgeldabrechnung an den Mieter weiterreichen? ........ 74
53 Öltankreinigung: Wie lege ich die Kosten korrekt auf die Mieter um? ........ 76
54 Eichfrist abgelaufen: Muss der Mieter dennoch zahlen? ........ 77
55 Kalte und warme Betriebskosten: Darf ich einheitlich abrechnen? ........ 78
56 Muss ich ein Betriebskostenguthaben meines Mieters verzinsen? ........ 79
57 Darf mein Mieter wegen hoher Heizkosten die Miete mindern und Betriebskosten kürzen? ... 80
58 Darf ich „wohnungsspezifische" Betriebskosten in meiner Abrechnung einfach an den Mieter weiterreichen? ........ 81
59 Nachträgliche Grundsteuererhöhung: Muss mein ausgezogener Mieter noch zahlen? ........ 82
60 Was kann ich tun, wenn mein Mieter die Zählerablesung nicht ermöglicht? ........ 83
61 Gekaufte Mietwohnung: Wer muss die Betriebskosten abrechnen? ........ 85
62 Wann genau endet die Einwendungsfrist des Mieters gegen meine Betriebskostenabrechnung? ........ 86
63 Ist meine Vereinbarung zur Betriebskostenumlage im Mietvertrag wirksam? ........ 87
64 Funkmessgeräte – darf ich die Mietkosten auf meine Mieter umlegen? ........ 89
65 Umsatzsteuer auf Betriebskosten? ........ 90
66 Wann ist meine Nachforderung fällig? ........ 91

**Mieterhöhung ........ 92**
67 Darf ich die Miete auf Ortsniveau erhöhen? ........ 93
68 Falsche Frist bei Mieterhöhung – was kann ich tun? ........ 94
69 Wie berücksichtige ich den Modernisierungszuschlag bei der Mieterhöhung? ........ 95
70 Mein Mieter stimmt der Mieterhöhung nur teilweise zu – was nun? ........ 96
71 Darf ich nach Ablauf der Staffelmiete die Miete wieder nach Gesetz erhöhen? ........ 97
72 Nach Modernisierung: Wegen welcher Kosten darf ich die Miete erhöhen? ........ 98
73 Mieterhöhung wegen unwirksamer Renovierungsklausel? ........ 100
74 Wie errechne ich die Kappungsgrenze bei einer Inklusivmiete? ........ 101
75 Gilt die Kappungsgrenze auch bei Vereinbarungen zur Miethöhe? ........ 102
76 Wohnfläche ist erheblich größer als vereinbart – darf ich jetzt die Miete erhöhen? ........ 103

**Mietminderung ........ 104**
77 Ab wann und für wie lange darf mein Mieter die Miete mindern? ........ 105
78 Minderung wegen fehlender Thermostatventile? ........ 106
79 Wie weit reicht das Zurückbehaltungsrecht des Mieters? ........ 107
80 Minderung wegen Lärm vom Bolzplatz? ........ 108
81 Darf mein überempfindlicher Mieter die Miete mindern? ........ 108
82 Mein Mieter mindert rückwirkend – ist das zulässig? ........ 110

83 Minderung ohne Mängelanzeige – darf ich kündigen? ... 111
84 Darf der Mieter auch nach Mietende noch mindern? ... 112
85 Darf mein Mieter die Miete mindern, auch wenn er nicht beeinträchtigt ist? ... 113
86 Darf mein Mieter die Miete mindern ohne vorherige Anzeige des Mangels? ... 114

**Abmahnung, Kündigung und Mietende ... 115**
87 Unberechtigte Mietminderung bei Schimmel: Darf ich meinem Mieter kündigen? ... 116
88 Mein Mieter zahlt unpünktlich – wann darf ich kündigen? ... 117
89 Fristlose Kündigung: Wann gilt der Zahlungsrückstand? ... 118
90 Mieter verwahrlost die Wohnung: Darf ich ihm ohne Abmahnung kündigen? ... 120
91 Verlängerte Kündigungsfrist nach 5 Jahren Mietzeit: Auf welches Datum kommt es für mich an? ... 121
92 Wird die fristlose Kündigung auch bei Gewerberäumen durch Zahlung des Rückstands unwirksam? ... 122
93 Welche Kündigungsfristen gelten bei der Gewerbemiete? ... 123
94 Unpünktliche Mietzahlung – wann darf ich meinem Mieter kündigen? ... 124
95 Unberechtigte Abmahnung: Kann mein Mieter den Widerruf von mir verlangen? ... 126
96 Darf mein Ex-Mieter seine Einbauküche noch nachträglich aus der Wohnung entfernen? .. 128
97 Nach Mietende – steht mir die Miete des Untermieters zu? ... 129
98 Muss ich bei meiner Eigenbedarfskündigung eine Sozialauswahl vornehmen? ... 130
99 Was kann ich tun, wenn ein Besucher des Mieters immer wieder den Hausfrieden stört? ... 132
100 Mietende: Der Mieter ist ausgezogen, warum bin ich jetzt Stromkunde? ... 133
101 Beträgt meine Kündigungsfrist 3 oder 6 Monate? ... 134
102 Darf ich wegen Eigenbedarf auch Gewerberäume kündigen? ... 134
103 Kann ich mich zur Eigenbedarfskündigung wirksam ermächtigen lassen? ... 136
104 Ist die Kündigung meines Mieters per Fax wirksam? ... 137
105 Wann zählt der Samstag bei Kündigung und Zahlungsverzug als Werktag? ... 137

**Schönheitsreparaturen ... 139**
106 Muss der Mieter nun nicht mehr renovieren? ... 140
107 Teilrenovierte Wohnung – darf ich Schönheitsreparaturen von meinem Mieter verlangen? ... 141
108 Darf ich statt Schönheitsreparaturen von meinem Mieter Geldersatz verlangen? ... 142
109 Mieter renoviert ohne Verpflichtung – muss ich ihm die Kosten erstatten? ... 143
110 Übermäßige Abnutzung: Darf ich eine Renovierung schon vor Fristablauf fordern? ... 145
111 Muss mein Mieter im laufenden Mietverhältnis renovieren? ... 146

**Schadensersatzansprüche gegen den Mieter ... 148**
112 Wer haftet für abgebrochenen Wohnungsschlüssel? ... 149
113 Wie berechne bei Schäden durch den Mieter einen Abzug „neu für alt“? ... 149
114 Balkon-Abfluss vereist – haftet der Mieter? ... 150
115 Wie lange haftet mir der gekündigte Mieter für Mietausfälle? ... 151
116 Was kann ich tun, wenn ich nach Wohnungsrückgabe noch Schäden entdecke? ... 152
117 Mein Mieter hat die Wohnungsschlüssel verloren – und jetzt? ... 153

**Mietsachen vor Gericht ... 155**
118 Mein Mieter hat seit Kurzem einen Betreuer – hat das Einfluss auf unser Mietverhältnis? ... 156
119 Mietprozess verloren – haftet mir mein Anwalt? ... 157
120 Wer kann im Mietprozess Zeuge des Vermieters sein? ... 158

# Neuvermietung, Mietvertrag und Mieterauswahl

## 1
## Darf ich den Mietvertrag anfechten, wenn der Mieter später nicht zahlt?

*Mein Mieter hat in seiner Selbstauskunft angegeben, dass in den letzten 5 Jahren kein Insolvenzverfahren gegen ihn betrieben wurde. Jetzt weiß ich, dass das nicht stimmt. Nach seinem Einzug hat er die zweite Miete und die zweite Kautionsrate nicht gezahlt. Kann ich den Mietvertrag anfechten? Und was bedeutet das eigentlich?*

Die Anfechtung des Mietvertrags ist möglich, denn der Mieter hat Sie in seiner Selbstauskunft arglistig über seine Vermögensverhältnisse getäuscht (§ 123 BGB). Auch nachdem Sie Ihrem Mieter die Wohnung übergeben haben, können Sie die Anfechtung des Vertrags erklären (BGH, Urteil v. 06.08.08, Az. XII ZR 67/06).

Die Anfechtung führt dazu, dass der Mietvertrag rückwirkend erlischt. Der Mieter muss Ihnen die Wohnung daher unverzüglich zurückgeben und Sie haben Anspruch auf Wertersatz – das ist eine Geldzahlung in Höhe der ortsüblichen Miete. Diese sogenannte Rückabwicklung des Vertrags regeln die §§ 812 ff. BGB.

Gegenüber der fristlosen Kündigung bietet die Anfechtung den Vorteil, dass Sie nicht abwarten müssen, bis der Mietrückstand die zur fristlosen Kündigung berechtigende Höhe erreicht. Bedenken Sie jedoch, dass Sie bei einer gerichtlichen Auseinandersetzung die „arglistige Täuschung" Ihres Mieters beweisen müssen. Um das Risiko zu minimieren, sollten Sie, sobald die Voraussetzungen für eine fristlose Zahlungsverzugskündigung vorliegen, auch diese noch – hilfsweise – dem Mieter gegenüber mit Zustellnachweis zu erklären.

## 2 Muss ich den Nachmieter meines Mieters akzeptieren?

*Mein Mieter hat die gemietete Wohnung mit 3-monatiger Frist gekündigt. Dabei hat er mir zugleich einen Nachmieter genannt, der die Wohnung übernehmen möchte. Er selbst ist bereits ausgezogen und hat die Mietzahlung eingestellt. Muss ich dieses Verhalten meines Mieters und den Nachmieter akzeptieren?*

Nein, das brauchen Sie nicht. Der Irrtum, dass ein Mieter die Mieträume gegen Stellung eines Nachmieters vorzeitig verlassen dürfe, hält sich leider hartnäckig, diese Auffassung ist aber dennoch falsch.

Bei einem Mieter, der nur eine 3-monatige Kündigungsfrist einzuhalten hat, brauchen Sie einen Nachmieter grundsätzlich nie zu akzeptieren. Ein Festhalten am Vertrag für die letzten 3 Monate ist einem Mieter immer zuzumuten.

Nur ganz ausnahmsweise hat die Rechtsprechung in Fällen, in denen der Mieter nicht mit 3-monatiger Frist kündigen konnte, eine vorzeitige Loslösung des Mieters vom Vertrag gegen Stellung eines Nachmieters akzeptiert. Derartige Fälle können vorkommen, wenn Sie beispielsweise bei einem Wohnungsmietvertrag die ordentliche Kündigung für mehrere Jahre wirksam ausgeschlossen haben. Häufiger sind diese Fälle bei Gewerbemietverträgen, die ja für längere Zeiträume befristet abgeschlossen werden können.

Aber auch hier hat ein Mieter nur unter folgenden Voraussetzungen einen Anspruch darauf, aus dem Mietverhältnis vorzeitig entlassen zu werden:

- Der Mieter muss gewichtige Gründe haben, vorzeitig aus dem Vertrag ausscheiden zu wollen.
- Dem Mieter muss das weitere Festhalten am Vertrag bis zum vereinbarten Vertragsende unzumutbar sein.
- Von Ihrer Seite stehen keine gewichtigen Gründe dem beabsichtigten Mieterwechsel entgegen.
- Der Mieter macht selbst einen Nachmieter ausfindet und teilt Ihnen alle Informationen mit, die Sie benötigen, um sich ein hinreichendes Bild über die persönliche Zuverlässigkeit und wirtschaftliche Leistungsfähigkeit des Nachmieters machen zu können (BGH, Urteil v. 07.10.15, Az. VIII ZR 247/14).
- Der Nachmieter ist Ihnen zumutbar.
- Der Nachmieter ist bereit und auch in der Lage, das Mietverhältnis zu den bisherigen Bedingungen fortzusetzen.

## 3
## Mietpreisbremse: Muss ich frühere Mietminderungen bei der Vormiete berücksichtigen?

*Mein Mieter hat gerade gekündigt, und ich weiß, dass bei mir nach Ablauf der Kündigungsfrist die Mietpreisbremse gelten wird. Ich habe gelesen, dass ich mich bei einer Neuvermietung nicht mit weniger als der letzten Miete begnügen muss. Ist das richtig, und auf welche Miete kommt es an, wenn der frühere Mieter gemindert hat?*

Ja, das ist richtig: Zwar darf infolge der Mietpreisbremse die Neuvertragsmiete nicht höher sein als 10% über der ortsüblichen Vergleichsmiete. Jedoch gilt dies nicht, wenn die bisher vom (früheren) Mieter geschuldete Miete darüber lag (§ 556e Abs. 1 S. 1 BGB).

Was der Mieter zuletzt an Miete geschuldet hat, regelt der Mietvertrag – auch im Fall einer vereinbarten Staffelmiete. Die zuletzt geschuldete Miete kann aber auch höher, als im Mietvertrag vereinbart, sein, wenn Sie zwischenzeitlich eine Mieterhöhung durchgeführt haben, und zwar aufgrund gestiegener Lebenshaltungskosten (bei vereinbarter Indexmiete), nach erfolgter Modernisierung oder wegen des gestiegenen Ortsniveaus.

Wichtig: Hat der frühere Mieter die Miete berechtigterweise gemindert, ist dies unerheblich (§ 556e Abs. 1 S. 2 BGB). Selbst wenn Sie den Mietmangel beim Abschluss des neuen Mietvertrags noch nicht beseitigt haben, dürfen Sie mit dem Nachmieter gleichwohl die Miete vereinbaren, die mit dem Vormieter festgelegt war. In diesem Fall dürfte der neue Mieter aber gleichfalls die Miete mindern, wenn ihm der betreffende Mangel unbekannt geblieben ist (§ 536b BGB).

## 4
## Mein Mieter kündigt den Mietvertrag fristlos wegen Schimmel. Darf er das?

*Mein Mieter hat den Mietvertrag gerade gekündigt unter Hinweis darauf, dass sich im Schlafzimmer der Mietwohnung Schimmel gebildet habe. Geht das so ohne Weiteres?*

Nein, denn ebenso wie ein Vermieter vor einer fristlosen Kündigung zunächst erfolglos abgemahnt haben muss, ist hierzu auch ein Mieter verpflichtet (§ 543 Abs. 3 BGB).

Eine vorherige Abmahnung ist auch notwendig, wenn sich in der Mietwohnung – vom Mieter unverschuldet – Schimmel gebildet hat. Ihr Mieter darf auf die Abmahnung nicht einmal dann verzichten, wenn er durch den Schimmel eine Gesundheitsgefahr befürchtet (BGH, Urteil v. 18.04.07, Az. VIII ZR 182/06).

## 5
## Welche Angaben muss ich in meine Immobilienanzeige aufnehmen?

*Für eine meiner Wohnungen suche ich einen neuen Mieter. Gibt es da nicht besondere Angaben, die ich jetzt in der Immobilienanzeige machen muss? Welche sind das?*

Ja, die Energieeinsparverordnung schreibt seit Mai 2014 bestimmte Pflichtangaben für Immobilienanzeigen in Print- und Onlinemedien vor. Diese können Sie aus dem Energieausweis Ihres Gebäudes entnehmen:

- Art des Energieausweises (Bedarfs- oder Verbrauchsausweis)
- Wert des Endenergiebedarfs oder -verbrauchs (bei bisherigen Verbrauchsausweisen: Energieverbrauchskennwert)
- wesentliche Energieträger der Heizung (Öl, Gas, Fernwärme, Holzpellets etc.)

Bei Wohngebäuden außerdem:

- Baujahr des Gebäudes
- Energieeffizienzklasse (falls vorhanden, also erst bei neuen Energieausweisen ab Mai 2014)

Gibt es für Ihr Haus noch keinen Energieausweis, dürfen Sie die Anzeige noch ohne die genannten Angaben veröffentlichen. Spätestens bei der Wohnungsbesichtigung müssen Sie den Mietinteressenten aber den Energieausweis vorlegen. Bei einem Verstoß gegen diese Vorschriften kann ein Bußgeld von bis zu 15.000 € gegen Sie verhängt werden.

## 6
## Müssen Mieter für den Energieausweis ihre Verbrauchsdaten mitteilen?

*Wegen einer anstehenden Neuvermietung in meinem Haus benötige ich nun erstmals einen Energieausweis. Kann ich einen Ausweis auf Grundlage des Verbrauchs erstellen lassen? Da die Mieter selbst mit den Energieversorgern abrechnen, habe ich keine Verbrauchsdaten zur Verfügung. Müssen die Mieter mir diese mitteilen?*

Ob Sie Ihren Energieausweis auf der Basis des Verbrauchs oder auf der Grundlage des rechnerisch ermittelten Bedarfs erstellen lassen wollen, ist grundsätzlich Ihre Entscheidung. Wenn Sie sich für den Verbrauchsausweis entscheiden, sind die Mieter verpflichtet, die benötigten Verbrauchsdaten der letzten 3 aufeinanderfolgenden Jahre zur Verfügung zu stellen. Sie können Ihre Mieter insoweit auf eine Entscheidung des Landgerichts Karlsruhe verweisen (Urteil v. 20.02.09, Az. 9 S 523/08).

Die Mieter dürfen danach die Angaben weder unter Berufung auf Datenschutzgesichtspunkte verweigern, noch können sie von Ihnen verlangen, dass Sie statt des Verbrauchsausweises einen Bedarfsausweis erstellen lassen.

Nur wenn auf Ihr Gebäude diese 3 Kriterien zutreffen, sind Sie schon von Rechts wegen auf einen Bedarfsausweis festgelegt:

- Ihr Gebäude hat weniger als 5 Wohnungen,
- der Bauantrag wurde vor dem 01.11.1977 gestellt und
- das Gebäude erfüllt nicht das Anforderungsniveau der Wärmeschutzverordnung vom 11.08.1977.

## 7
## Meine Mieterin möchte ihre Wohnung untervermieten: Kann ich einen Zuschlag verlangen?

*Ich habe meine Wohnung an eine Studentin vermietet. Diese hat nun angefragt, ob sie einen Untermieter in die Wohnung aufnehmen darf. Ich habe grundsätzlich nichts dagegen. Allerdings habe ich gehört, dass ich bei Untervermietung der Wohnung mehr Miete verlangen kann. Stimmt das? Und wenn ja, wie viel darf ich verlangen?*

Ja, nach § 553 Abs. 2 BGB dürfen Sie tatsächlich einen Zuschlag für die Untervermietung von Ihrer Mieterin verlangen, wenn Ihnen „die Überlassung der Wohnung an den Dritten ansonsten nicht zugemutet werden kann". Die Unzumutbarkeit in diesem Sinne bezieht sich nicht auf ansonsten nicht geeignete Mieter, deren Einzug dem Vermieter durch einen Zuschlag „versüßt" werden soll. Vielmehr geht es um objektive Kriterien, vor allem die verstärkte Abnutzung der Wohnung durch die zusätzliche Person. Zieht also eine zusätzliche Person ein, können Sie einen Zuschlag verlangen. Nicht dagegen, wenn die Zahl der Bewohner gleichbleibt, etwa weil zuvor der Freund ausgezogen ist.

Die verlangte Mieterhöhung muss angemessen sein. Eine gesetzliche Regelung zur konkreten Höhe gibt es leider nicht. Von den Gerichten wird aber eine Erhöhung von bis zu 20% der erzielten Untermiete oder bis zu 10% der Nettokaltmiete für angemessen gehalten.

Denken Sie hier auch an die Anpassung der Betriebskostenvorauszahlung. Zwar ist Ihre Mieterin zu einer Nachzahlung verpflichtet, wenn ihre Vorauszahlungen die Betriebskosten nicht decken. Da Sie als Vermieter jedoch vorfinanzieren, achten Sie besser auf eine genaue Kalkulation Ihrer Betriebskosten.

Wichtig ist es für Sie zu wissen, dass Sie keinen Anspruch auf die Erhöhung der Miete und Betriebskosten haben. Sie können Ihre Erlaubnis zur Untervermietung lediglich davon abhängig machen, dass Ihre Mieterin eine entsprechende Vereinbarung mit Ihnen trifft, bzw. diese verweigern, wenn Ihre Mieterin nicht mit dem Untermietzuschlag einverstanden ist. Daher wäre es taktisch ungeschickt, zunächst die Untermiete zu erlauben und dann erst nach Einzug des Untermieters den Zuschlag zu verlangen. Regeln Sie die Bedingungen der Untermiete daher unbedingt vorher in einer Ergänzungsvereinbarung zu Ihrem Mietvertrag.

**Formulierungsempfehlung:**

Ergänzungsvereinbarung zwischen (...) (Vermieter) und (...) (Mieter) Zum Mietvertrag vom (...) wird Folgendes vereinbart:

„Der Vermieter erteilt dem Mieter die Erlaubnis zur Untervermietung. Der Mieter zahlt dem Vermieter neben der vertraglich geschuldeten Miete einen Untermietzuschlag in Höhe von ... €. Wegen der Untervermietung werden die Vorauszahlungen für Betriebskosten (alternativ: die Betriebskosten) um ... € erhöht. Der Mieter zahlt neben dem Untermietzuschlag dem Vermieter Vorauszahlungen von ... € für die Dauer der Untervermietung."

## 8
## Muss ich Mietschuldenfreiheit bescheinigen?

*Mein Mieter hat den Mietvertrag gekündigt und mich zugleich gebeten, ihm zu bescheinigen, dass er keine Mietschulden bei mir hat. Muss ich das?*

Nein, der BGH hat entschieden, dass Vermieter nicht verpflichtet sind, Ihren Mietern sogenannte „Mietschuldenfreiheitsbescheinigungen" auszustellen. Lediglich eine Quittung für geleistete Zahlungen darf ein Mieter verlangen (BGH, Urteil v. 30.09.09, Az. VIII ZR 238/08).

**Beachten Sie:** Möchten Sie Ihre Wohnung neu vermieten und legt der Mietinteressent eine gefälschte Mietschuldenfreiheitsbescheinigung vor, dürfen Sie ihm aus diesem Grund fristlos kündigen. Dies gilt auch, wenn sich die Fälschung erst im Nachhinein herausstellt und der Mieter später gar nicht säumig ist (BGH, Urteil v. 09.04.14, Az. VIII ZR 107/13).

## 9
## Muss ich die Mietwohnung jedes Mal vor Mietbeginn fotografieren?

*Ich möchte meine bald freiwerdende Wohnung neu vermieten. Allerdings fehlen mir aktuelle Bilder von der Wohnung. Mein derzeitiger Mieter verweigert mir die Wohnung zu fotografieren. Ist er im Recht?*

Ist eine Wohnung vermietet, hat der Mieter das alleinige Besitzrecht an den gemieteten Räumen und damit auch das alleinige Entscheidungsrecht, ob und gegebenenfalls was in der Wohnung fotografiert wird.

Der Mieter braucht nicht zu dulden, dass Sie oder ein Makler Fotos in der Wohnung machen, um diese in eine Anzeige, etwa im Internet, einzustellen (AG Steinfurt, Urteil v. 10.04.14, Az. 21 C 987/13). Gegen solche Fotos und deren Veröffentlichung kann sich der Mieter gerichtlich wehren, und zwar mit Erfolg. Denn die Privatwohnung ist ein hohes Gut. Der Schutz der Unverletzlichkeit der Wohnung ist im Grundgesetz in Artikel 13 geregelt, und er geht Ihrem Interesse an einer möglichst guten Vermarktung Ihrer Wohnung vor.

Sorgen Sie daher von Anfang an dafür, dass Sie jederzeit Ihre Wohnung Nachmietern oder Kaufinteressenten anschaulich präsentieren können, ohne von der Einwilligung Ihres Mieters abhängig zu sein: Fotografieren Sie Ihre Wohnung vor jeder Vermietung neu. Dann haben Sie völlig freie Hand. Ohne die Einrichtung des Mieters lässt sich die Wohnung ohnehin besser präsentieren, zumal dann, wenn sie gerade frisch renoviert ist.

**Tipp:** Mit dem Fotografieren der noch leeren Wohnung unmittelbar vor dem Einzug des Mieters können Sie außerdem den Zustand Ihrer Wohnung dokumentieren, was hilfreich ist, wenn es später zu einem Streit über Beschädigungen oder den Renovierungszustand bei Mietbeginn kommt.

**Ihr Vorteil:** Der Schutz der Wohnung gilt nicht unbegrenzt. Hinnehmen muss Ihr Mieter nämlich, dass Sie seine Wohnung mit Miet- oder Kaufinteressenten besichtigen – selbstverständlich nur nach vorheriger Ankündigung zu den üblichen Tageszeiten und in zumutbarem Umfang.

## 10
## Kann ich den Tag der Wohnungsrückgabe selbst bestimmen?

*Ende Januar endet mein Mietvertrag, doch mein Mieter hat die Wohnung nicht am 31. Januar geräumt, sondern erst tags darauf am 1. Februar. Das war für mich ein Problem, weil ich die Wohnung ab Februar neu vermietet hatte. Letztlich hatte der neue Mieter Verständnis gezeigt, doch möchte ich für die Zukunft wissen, wie ich diese Situation vermeiden kann.*

Wie bei Ihnen werden Wohnungen in aller Regel zum Monatsersten vermietet. Dies macht Sinn, weil nach einer ordentlichen Kündigung ein Mietvertrag bis zum Ende eines Monats läuft. Doch Vorsicht: Das Gesetz erlaubt Mietern in bestimmten Fällen eine spätere Wohnungsrückgabe, womit Ihre Neuvermietung in Gefahr gebracht werden kann.

In der Praxis findet die Wohnungsabnahme in aller Regel am letzten Tag der Kündigungsfrist statt, obschon freilich auch ein früherer Rückgabetermin vereinbart werden kann.

Was kaum einer weiß: Fällt der letzte Tag der Mietzeit auf einen Sonn- oder Feiertag, ist der Mieter – wie bei Ihnen – berechtigt, die Wohnung erst am darauffolgenden Tag zurückzugeben. Ist dieser Tag ebenfalls ein Sonn- oder Feiertag, kann sich der Rückgabetermin noch einmal verschieben.

**Beispiel:** Mietende ist der 31.07.2016, also ein Sonntag. Die Wohnung muss deshalb erst am 1. August zurückgegeben werden.

**Tipp:** Im Mietvertrag können und sollten Sie diese gesetzliche Regel ausschließen, um eine nahtlose Weitervermietung nicht zu gefährden. Hierzu regeln Sie als „sonstige Vereinbarung“ im Mietvertag einfach: „Fällt das Ende des Mietvertrags auf einen Sonn- oder Feiertag, ist die Mietsache auch an diesem Tag zurückzugeben; § 193 BGB findet keine Anwendung.“ Auf diese Weise haben Sie Ihr Möglichstes getan, damit Sie nahtlos weitervermieten können.

## 11
## Darf ich für den Notfall einen Schlüssel behalten?

*Ich verwalte ein Mietshaus und führe auch die Vermietungen eigenständig durch. Nun hat mich der Vermieter angewiesen, ich solle für jede Wohnung einen Schlüssel für den Notfall behalten. Ist das zulässig?*

Ohne Wissen der Mieter dürfen Sie auf keinen Fall einen Schlüssel zur Wohnung behalten. Der Schutz der Privatsphäre des Mieters gebietet es, ihm sämtliche Wohnungsschlüssel auszuhändigen. Ein Verstoß gegen diese Verpflichtung wird als erhebliche Mietvertragsverletzung angesehen, die dem Mieter das Recht gibt, den Vertrag fristlos zu kündigen.

Möglich ist allenfalls, mit dem Mieter zu vereinbaren, dass ein Schlüssel für den Notfall bei Ihnen oder beim Vermieter verbleibt. Dazu sind aber erfahrungsgemäß viele Mieter nicht bereit. Klären Sie ab, ob eine Vereinbarung über den Einbehalt eines Schlüssels im Sinne Ihres Vermieters ist oder ob Sie für eine bessere Vermietbarkeit auf den Notfall-Schlüssel verzichten.

Der Mieter ist seinerseits dazu verpflichtet, den Zugang zu den gemieteten Räumen für den Notfall sicherzustellen. Wie er das tut, unterliegt seiner eigenen freien Entscheidung. Hierzu kann er Ihnen eine Telefonnummer mitteilen, unter der er erreichbar ist, oder Ihnen eine Person nennen, bei der er einen Schlüssel hinterlegt. Besonders in der Urlaubszeit, etwa jetzt in den Winterferien, muss die Erreichbarkeit des Mieters oder einer Ersatzperson mit Schlüssel gewährleistet sein.

Wie viele Schlüssel dem Mieter zustehen, richtet sich nach der Zahl der Bewohner. Auch ein einzelner Mieter kann aber ohne abweichende Vereinbarung 2 Haustür- und Wohnungsschlüssel beanspruchen. Am besten regeln Sie im Mietvertrag, wie viele Schlüssel der Mieter erhält. Dann gibt es später keinen Streit hierüber.

Mancher Mieter möchte einer Kinderfrau, dem Pflegedienst oder einem Zeitungsboten einen Schlüssel zur Verfügung stellen. Die für diese Zwecke benötigten zusätzlichen Schlüssel darf der Mieter von Ihnen verlangen, muss aber die Kosten tragen. Über selbst gefertigte Nachschlüssel muss er Sie zeitnah informieren. Bei Mietende sind selbstverständlich auch diese Schlüssel zurückzugeben.

## 12
## Darf ich ein generelles Tierverbot im Mietvertrag festhalten?

*Bei der Neuvermietung möchte ich vereinbaren, dass der Mieter keine Haustiere halten darf. Geht das?*

Ohne Haustiere geht es bei manchen Mietern nicht. Das Glück der einen ist für die anderen oft ein Ärgernis. Um dem vorzubeugen, möchten wie Sie viele Vermieter in den Mietverträgen die Haustierhaltung regeln. Doch nicht alles Wünschenswerte ist auch zulässig.

Schon 2007 hat der BGH entschieden, dass dem Mieter die Haltung von Kleintieren nicht untersagt werden darf. Deshalb ist seither folgende Klausel unwirksam: „Jede Tierhaltung, insbesondere von Hunden und Katzen, mit Ausnahme von Ziervögeln und Zierfischen, bedarf der Zustimmung des Vermieters" (BGH, Urteil v. 14.11.07, Az. VIII ZR 340/06). Später hat der BGH nochmal bekräftigt, dass das generelle Verbot, eine Katze oder einen Hund zu halten, Mieter unangemessen benachteiligt und daher unwirksam ist (BGH, Urteil v. 20.03.13, Az. VIII ZR 168/12).

**Aber:** Sehr wohl dürfen Sie das Halten von Hunden und Katzen in Ihrer Wohnung von Ihrer Zustimmung abhängig machen. Beide BGH-Urteile berücksichtigt die Klausel:

„Der Mieter bedarf der Zustimmung des Vermieters, wenn er in den Mieträumen ein Tier halten will, es sei denn, es handelt sich um Kleintiere (z. B. Wellensittich, Zierfisch). Der Vermieter darf die Zustimmung zur Tierhaltung im Übrigen verweigern bzw. widerrufen, wenn Belästigungen der Hausbewohner oder Beeinträchtigungen der Mietsache zu erwarten bzw. eingetreten sind."

Ihre Zustimmung dürfen Sie verweigern und auch nachträglich widerrufen, wenn:

- es sich bei dem Hund um einen Kampfhund handelt,
- der Hund andere Hausbewohner einschüchtert, indem er sie anknurrt oder anbellt,
- der Hund ständig, auch während der Ruhezeiten bellt, wodurch andere Hausbewohner nachweislich gestört werden,
- von dem Hund oder der Katze eine erhebliche Geruchs- oder Schmutzbelästigung ausgeht,
- es sich um eine übermäßige Tierhaltung handelt (etwa 7 Katzen in der Wohnung).

## 13
## Kann ich die schriftliche Vereinbarung des Mietvertrags jetzt noch nachholen?

*Vor einigen Wochen habe ich eine Wohnung neu vermietet. Da ich unmittelbar vor einer Urlaubsreise stand, haben wir nur die zu zahlende Miete mit Betriebskosten und den Einzugstermin vereinbart. Den schriftlichen Mietvertrag wollten wir nach meiner Rückkehr machen. Jetzt weigert sich der Mieter, den Vertrag zu unterschreiben. Was kann ich tun?*

Die Situation ist für Sie leider ungünstig. Mit der kurzen mündlichen Vereinbarung über die Miete und den Einzugstermin haben Sie bereits einen Mietvertrag abgeschlossen. Dieser ist mit allen gesetzlichen Regelungen zustande gekommen. Diese sind bekanntermaßen sehr mieterfreundlich.

Sie haben keine Handhabe, gegen Ihren Mieter jetzt noch andere, in Ihrem Mietvertragsformular vorgesehene Regelungen durchzusetzen. Deshalb: Lassen Sie sich nie dazu verleiten, einen Mieter einziehen zu lassen, bevor er einen schriftlichen Mietvertrag unterzeichnet hat. Sie ziehen dabei leider immer den Kürzeren.

## 14
## Darf ich meinem Mieter bei falscher Selbstauskunft fristlos kündigen?

*Ich habe gerade erfahren, dass gegen meinen Mieter das Insolvenzverfahren eröffnet worden ist. Nun fühle ich mich getäuscht, denn hiernach hatte ich mich bei der Vermietung an ihn explizit erkundigt – und er hatte die Frage verneint, offenbar wahrheitswidrig. Hätte ich das gewusst, hätte ich natürlich nicht an ihn vermietet. Kann ich ihm jetzt wenigstens kündigen?*

Ja, das dürfen Sie. 2 wichtige Urteile schützen Ihr Interesse, nur an zahlungsfähige Mieter zu vermieten, nachhaltig. Das LG Itzehoe hat entschieden: Verneint ein Mietinteressent wahrheitswidrig die Frage danach, ob er aus dem letzten Mietverhältnis noch Schulden habe, darf ihm fristlos gekündigt werden (LG Itzehoe, Urteil v. 28.03.08, Az. 9 S 132/07).

Und auch das LG Bonn entschied vermieterfreundlich, und zwar zu einem Fall wie Ihrem: Klärt ein Mietinteressent seinen möglichen künftigen Vermieter oder Mietverwalter nicht von sich aus darüber auf, dass gegen ihn ein Insolvenzverfahren eröffnet worden ist, darf auch er später fristlos gekündigt werden.

Wohlgemerkt: Der Mietinteressent muss Sie von sich aus hierüber aufklären, denn insoweit hat jeder Mietinteressent eine Auskunftspflicht (LG Bonn, Urteil v. 16.11.05, Az. 6 T 312/05).

Klar ist der Fall, wenn der Mieter sich mit einer gefälschten Mietschuldenfreiheitsbescheinigung den Mietvertrag erschlichen hat. Kommt dies später heraus, dürfen Sie dem Mieter ohne Wenn und Aber fristlos kündigen (BGH, Urteil v. 09.04.14, Az. VIII ZR 107/13).

## 15
## Muss ich meinem Mieter für die Mieten eine Rechnung schreiben?

*Mein Mieter zahlt nach unserem Mietvertrag zuzüglich zur Miete Umsatzsteuer. Nun hat er mich gebeten, ihm für jeden einzelnen Monat eine Rechnung zu schreiben, die er dem Finanzamt vorlegen kann. Muss ich das machen?*

Der Mieter hat einen Anspruch darauf, dass der Vermieter die Umsatzsteuer separat ausweist und darüber eine Rechnung erstellt.

**Jedoch:** Als Rechnung im Sinne von § 14 Abs. 1 Umsatzsteuergesetz gilt der Mietvertrag, wenn er die Miete als Euro-Betrag genau angibt. Dies ist der Regelfall. Anders kann es aber sein, wenn eine Indexmiete vereinbart worden ist oder eine Mietstaffel, die den Erhöhungsbetrag lediglich als Prozentsatz angibt. In diesen beiden Fällen hat der Mieter tatsächlich das Recht, eine monatliche Rechnung von Ihnen zu verlangen, welche die erforderlichen Angaben enthält.

**Tipp:** Um hier Arbeitsaufwand vorzubeugen und die Zahlungsverpflichtungen des Mieters transparent zu machen, sollten Sie bei einer Staffelmietvereinbarung sowohl die Erhöhungsbeträge als auch die zu zahlende Miete in € angeben („... erhöht sich die Miete von ... € um ... € auf ... €“).

## 16
## Führt ein hausinterner Umzug zu einem neuen Mietvertrag?

*Als die Erdgeschoss-Wohnung meines Hauses fertig renoviert war, ist ein Mieter, der zuvor eine Wohnung in der 2. Etage bewohnte, dort eingezogen. So konnte ich die Renovierung in den Obergeschossen fortsetzen. Allerdings zahlt er nach wie vor dieselbe Miete. Einen neuen Mietvertrag zu unterschreiben lehnt er ab. Was kann ich tun?*

Es kommt immer wieder vor, dass Mieter in eine andere Wohnung desselben Vermieters umziehen, ohne dass zuvor ein neuer Mietvertrag schriftlich vereinbart wird. Erst später stellt sich dann oft die Frage, auf welcher Grundlage der Mieter nun eigentlich die neue Wohnung bewohnt. Eins vorweg: Einen Anspruch auf Unterzeichnung eines geänderten Mietvertrags haben Sie nach dem Umzug des Mieters leider nicht mehr. Denn entweder gilt der alte Mietvertrag weiter, oder Sie haben bereits stillschweigend, also durch Ihr Akzeptieren des Umzugs, einen neuen Mietvertrag zu den ortsüblichen Mietbedingungen abgeschlossen.

Nach Auffassung des BGH gilt in solchen Umzugskonstellationen – auch aus Anlass von Modernisierung und Instandsetzung – im Zweifel der alte Mietvertrag weiter gelten soll, nur eben bezüglich eines neuen Mietobjekts (BGH, Urteil v. 21.11.12, Az. VIII ZR 50/12). Eine höhere Miete, angepasst an die ortsübliche Vergleichsmiete, dürfen Sie von Ihrem Mieter danach nur fordern, wenn Sie nachweisen können, dass Sie und Ihr Mieter sich anlässlich des Umzugs einig waren, einen neuen Vertrag abschließen zu wollen.

## 17
## Kann ich ohne Weiteres an einen erst 17-jährigen Auszubildenden vermieten?

*Ich habe einen Mietinteressenten, der erst 17 Jahre alt ist. Kann ich mit ihm einen Mietvertrag abschließen, oder müssen die Eltern den Vertrag unterschreiben?*

Ein Minderjähriger unter 18 Jahren ist in seiner Geschäftsfähigkeit beschränkt. Er kann deshalb den Mietvertrag nicht wirksam allein abschließen, sondern braucht hierzu die Zustimmung seiner Eltern. Ohne Zustimmung kommt ein Mietvertrag nicht zustande, sodass Sie keine Ansprüche auf Zahlung von Miete oder Kaution geltend machen können.

Nicht zwingend notwendig ist, dass die Eltern den Mietvertrag unterschreiben. Es genügt die Unterschrift des Minderjährigen, wenn zusätzlich die Zustimmung der Eltern vorliegt. Diese kann grundsätzlich mündlich oder schriftlich erteilt werden. Sie kann bereits bei Mietvertragsabschluss vorliegen oder im Nachhinein erteilt werden.

Klar ist die Lage, wenn Sie bei der Bezeichnung der Vertragsparteien im Mietvertrag Name, Anschrift und Geburtsdatum des Mieters aufnehmen und den Zusatz anfügen „gesetzlich vertreten durch die Eltern ... (es folgen deren Namen und Anschriften)". Dann ist der Vertrag durch die Eltern für ihren Heranwachsenden zu unterschreiben. Vertragspartner bleibt aber der 17-Jährige.

**Tipp:** Möglich ist aber auch, dass die Eltern die Wohnung anmieten, um sie ihrem Sohn zur Verfügung zu stellen. Bei einer solchen Konstellation sind die – meistens finanzstärkeren – Eltern Ihre Vertragspartner und für die Erfüllung sämtlicher Pflichten aus dem Mietvertrag verantwortlich.

# Mietkaution

## 18
## Darf mein Mieter die Kaution wegen Mängeln zurückhalten und sogar mindern?

*Mit meinem Mieter habe ich vereinbart, dass er die Kaution als 3-fache Nettokaltmiete in 3 Raten zu zahlen hat. Zwar hat der Mieter die erste Rate gezahlt, die beiden weiteren Raten verweigert er jedoch. Das begründet er zum einen mit Mietmängeln (luftdurchlässige Fenster). Zum anderen fordert er von mir einen Nachweis, dass ich die erste Kautionsrate korrekt angelegt habe. Erst wenn ich diesen Nachweis erbracht habe, müsse er zahlen. Hat der Mieter recht?*

Ja und Nein. Zunächst muss bei Ihnen die Zahlung einer Kaution im Mietvertrag vereinbart worden sein; stünde darüber nichts im Mietvertrag, müsste er auch nicht zahlen. Die Kautionssumme darf höchstens das 3-Fache der auf einen Monat entfallenden Miete ohne Betriebskosten betragen. Dabei hat der Mieter das Recht, die Kaution in 3 gleich hohen Monatsraten zu zahlen, wobei die erste Rate bei Mietbeginn fällig ist (§ 551 BGB).

Als Vermieter sind Sie verpflichtet, die Kaution auf einem separaten Kautionskonto aufzubewahren. Dies dient dem Schutz des Mieters, denn befände sich die Kaution im Vermögen des Vermieters, wäre sie bei dessen Insolvenz für den Mieter verloren.

Um prüfen zu können, ob der Vermieter sich insoweit rechtmäßig verhält, darf der Mieter über die korrekte Anlage einen Nachweis verlangen – und die Zahlung der weiteren Raten so lange zurückhalten, bis der Vermieter ihm diesen Nachweis erbracht hat (BGH, Urteil v. 20.12.07, Az. IX ZR 132/06).

Soweit Ihr Mieter die Kaution wegen bestehender Mietmängel zurückhält, befindet er sich allerdings im Irrtum. Sind die Fenster der Mietwohnung tatsächlich mangelhaft, darf er bis zur Beseitigung des Mangels zwar die Miete in angemessener Höhe mindern. Ein Recht, deshalb die Kaution zu mindern oder diese gar nicht zu zahlen, hat Ihr Mieter aber nicht. Für eine fristlose Kündigung wegen Zahlungsverzugs dürfen Sie auch säumige Kautionsraten heranziehen (§§ 569 Abs. 2a, 543 BGB).

## 19
## Anwalt fordert sofortige Kautionsrückzahlung: Muss ich seine Kosten zahlen?

*Vor einem Monat ist mein Mieter ausgezogen. Jetzt erhalte ich von seinem Anwalt ein wütendes Schreiben mit der Aufforderung, die Kaution unverzüglich an den Mieter auszuzahlen. Außerdem stellt er mir seine Anwaltskosten in Rechnung. Sind die Forderungen berechtigt? Die Wohnung wurde ohne Mängel zurückgegeben, aber die Betriebskosten der letzten Monate rechne ich eigentlich erst nach Jahresende ab.*

Eine feste Frist für die Rückzahlung der Kaution besteht nicht. Allerdings sind Sie gehalten, nach Ende des Mietverhältnisses zeitnah zu prüfen, welche Ansprüche noch gegenüber dem Mieter bestehen. Auch wenn Sie die Wohnung ohne Schäden zurückerhalten haben, dürfen Sie in Ruhe prüfen, ob beispielsweise noch Mietrückstände, offene Betriebskostenforderungen oder sonstige Ansprüche bestehen.

Eine Prüffrist von bis zu 2 Monaten ist dabei unproblematisch. Längere Prüffristen billigt die Rechtsprechung beispielsweise zu, wenn noch Schadenersatzansprüche möglich sind oder Sie Kostenvoranschläge einholen, um die Höhe Ihrer Ansprüche zu klären.

Einen Monat nach Mietende sind Sie daher auch bei mangelfreier Wohnungsrückgabe mit der Kautionsrückzahlung noch nicht in Verzug. Die Kosten des Anwalts brauchen Sie deshalb nicht zu zahlen.

Wenn Sie sicher sind, dass außer der ausstehenden Betriebskostenabrechnung keine Ansprüche mehr gegen Ihren Mieter bestehen, empfiehlt es sich, dem Mieter jetzt zeitnah eine Kautionsabrechnung zu erteilen. Stellen Sie darin die Höhe der Kaution inklusive der Zinsen dar. Behalten Sie einen angemessenen Teilbetrag zurück für mögliche Nachzahlungen aus der noch ausstehenden Betriebskostenabrechnung und zahlen Sie den Restbetrag an den Mieter aus.

Keinesfalls kann Ihr Mieter die vollständige Rückzahlung der Kaution beanspruchen, solange die Betriebskostenabrechnung noch aussteht. Diese können Sie aber erst nach Ablauf Ihres Abrechnungsjahres erstellen. Einen Teil der Kaution dürfen Sie daher noch bis ins Jahr 2016 zurückhalten.

## 20
## Sind bei der Bürgschaft mehr als 3 Kaltmieten erlaubt?

*Mein Mietvertrag mit einer Studentin hat im letzten Monat geendet. Da ich noch mehrere Forderungen gegen meine Ex-Mieterin habe (offene Mieten, Schadenersatz) möchte ich diese mit der Mietsicherheit verrechnen. Dafür reicht ihre Mietkaution jedoch nicht aus. Allerdings habe ich bei Mietbeginn von den Eltern der Mieterin eine zusätzliche Bürgschaft über 1.000 € erhalten. Die Eltern bestanden darauf; auf diese Weise wollten sie mich zur Vermietung an ihre Tochter motivieren. Das ist ihnen ja auch gelungen, nur jetzt behaupten sie, die Bürgschaft sei gesetzwidrig und sie müssten nicht zahlen. Stimmt das?*

Die Höhe einer Mietsicherheit bei der Vermietung einer Wohnung ist nach § 551 BGB beschränkt: Höher als die 3-fache Monatsmiete ohne Betriebskosten darf sie nicht sein. Dabei ist es egal, in welcher Weise die Mietsicherheit gestellt wird (etwa Sparbuch, Barzahlung oder Bürgschaft). Bei mehreren Mietsicherheiten wird deren Wert aber zusammengerechnet.

Dies gilt auch für den Fall, dass ein Bürge neben dem Mieter eine zusätzliche Mietsicherheit gibt – mehr als 3 Nettokaltmieten sind unzulässig. Dies meinen wohl auch Ihre Bürgen: Deren Sicherheit sei unwirksam, da sie die von Ihrer Mieterin geleistete Kaution von 3 Nettokaltmieten übersteigt.

**Aber:** In Ihrem Fall kommt es hierauf nicht an. Denn die Begrenzung der Mietkaution gilt nur für Sicherheiten, die Sie als Vermieter verlangen. Freiwillig, also wenn der Mietvertrag hierfür keine Verpflichtung vorsieht, kann ein Bürge eine zusätzliche Mietsicherheit stellen. Also auch dann, wenn dadurch die Mietsicherheit insgesamt mehr als 3 Nettokaltmieten ausmacht (BGH, Urteil v. 07.06.90, Az. IX ZR 16/90).

Gerade bei der Vermietung an Studenten kommt dies häufig vor, und zwar aus genau dem Grund, den auch Sie beschrieben haben: Die Eltern möchten so erreichen, dass der Vermieter mit ihrem Kind einen Mietvertrag abschließt.

**Tipp:** Da das Verhalten des Bürgen bei Mietende in solchen Fällen ebenfalls typisch ist, sollten Sie, um auf der sicheren Seite zu sein, bei künftigen Vermietungen für Klarstellung sorgen. Etwa, indem Sie bezüglich der Bürgschaft die folgende Regelung mit in den Mietvertrag aufnehmen: „Die Bürgschaft wird nicht in Erfüllung der Pflichten des Mieters gestellt (§ 551 Abs. 1 BGB), sondern ist eine hiervon unabhängige freiwillige Leistung des Bürgen".

**Übrigens:** Eine Bürgschaft ist ebenfalls dann in unbegrenzter Höhe zulässig, wenn sie dem Zweck dient, die sonst mögliche Kündigung des Vermieters wegen Zahlungsverzugs abzuwenden – sogenannte Rettungsbürgschaft (BGH, Urteil v. 10.04.13, Az. VIII ZR 379/129).

## 21
## Gibt es für die Rückzahlung der Kaution eine feste Frist?

*Nach seiner Kündigung ist mein Mieter fristgerecht zum 31. März ausgezogen. Seither drängelt er auf Rückzahlung der Kaution. Muss ich hierfür eine Frist beachten?*

Ist das Mietverhältnis beendet, möchten Mieter möglichst schnell die Mietkaution ausgezahlt bekommen. Manche erwarten sie schon am Auszugstag, andere nach 3 oder spätestens 6 Monaten. Diese Erwartungen sind jedoch gänzlich unberechtigt.

Handeln Sie nicht übereilt. Eine Rückzahlung bei der Wohnungsrückgabe kann der Mieter niemals verlangen. Sie haben immer das Recht, in Ruhe zu prüfen, ob Sie noch Ansprüche gegen Ihren Mieter haben. Solange noch Forderungen bestehen, brauchen Sie die Kaution nicht zurückzuzahlen, wie der BGH schon vor Jahren klargestellt hat (Urteil v. 18.01.06, Az. VIII ZR 71/05).

Das kann, beispielsweise bei ausstehenden Betriebskostenabrechnungen, auch schon mal 12 Monate oder länger dauern. Für alle Ansprüche wegen Beschädigungen und/oder Schönheitsreparaturen gilt allerdings die 6-monatige Verjährungsfrist (§ 548 BGB).

Prüfen Sie genau, bevor Sie die Kaution aushändigen, ob alle Mieten gezahlt sind. Vergewissern Sie sich, dass die Räume in ordnungsgemäßem Zustand zurückgegeben wurden, der Mieter eigene Einbauten beim Auszug wieder entfernt hat und keine Schadenersatzansprüche wegen Beschädigungen oder unzureichende Schönheitsreparaturen mehr bestehen. Ihre Forderungen ziehen Sie dann von der Kaution ab und zahlen nur den restlichen Betrag an den Mieter aus.

**Tipp:** Erstatten Sie die Kaution nicht voreilig. Die meisten Gerichte sehen in einer vorbehaltlosen Rückzahlung der Kaution die Erklärung, dass der Vermieter keine Forderungen mehr aus dem Mietverhältnis erhebt. Haben Sie einen Anspruch übersehen, gehen Sie damit nach einer Kautionsrückzahlung meist leer aus.

## 22
## Muss der Mieter die Kaution nicht zahlen wenn keine Raten vereinbart worden sind?

*In dem mit meinem Mieter geschlossenen Mietvertrag habe ich mit ihm vereinbart, dass er eine Kaution von 3 Monatsmieten zu zahlen hat. Den Gesamtbetrag von 1.800 € sollte er eigentlich mit der 1. Monatsmiete zahlen. Er hat zwar die 1. Monatsmiete pünktlich überwiesen, die Kaution aber noch gar nicht. Auf Nachfrage erklärte er, er müsse keine Kaution zahlen, da ich ihn nicht auf sein Recht zur Ratenzahlung hingewiesen habe. Ist das etwa richtig?*

Richtig ist, dass das Gesetz Ihrem Mieter die Möglichkeit einräumt, seine Kaution in 3 Raten zahlen zu können (§ 551 Abs. 2 BGB). Von dieser Regelung darf zum Nachteil des Mieters nicht abgewichen werden. Damit ist Ihre mietvertragliche Vereinbarung, nach der Ihr Mieter die Kaution in vollständiger Höhe zu Beginn des Mietverhältnisses zahlen muss, unwirksam.

Daraus folgt allerdings nicht, dass Ihre gesamte Kautionsvereinbarung unwirksam ist. Der BGH nimmt hier eine sogenannte Teilunwirksamkeit an, mit der Folge, dass Ihr Mieter die vereinbarte Kaution innerhalb des gesetzlichen Rahmens zu zahlen hat (BGH, Urteil v. 03.12.03, Az. VIII ZR 86/30). Für Ihren Mieter bedeutet das, dass er die vereinbarte Kaution zahlen muss, dies allerdings nicht auf einmal, sondern in 3 monatlichen Raten.

Schon seit Mai 2013 ist geregelt, dass die 1. Rate zu Beginn des Mietverhältnisses fällig ist und die weiteren Raten mit den folgenden Mietzahlungen fällig werden ((§ 551 Abs. 2 BGB). Damit hätte Ihr Mieter seine 1. Teilzahlung schon mit der 1. Mietzahlung leisten müssen. Weisen Sie ihn darauf hin.

**Tipp:** Sie sollten Ihren Mieter darauf hinweisen, dass Sie ihm wegen Zahlungsverzugs fristlos kündigen dürfen. Denn dies ist seit einiger Zeit auch möglich, wenn der Mieter eine geschuldete Kaution nicht zahlt (§ 569 Abs. 2a BGB).

## 23
## Darf ich die Mietkaution während der Mietzeit verwerten?

*Mein Mieter muss nach unserem Mietvertrag für Kleinreparaturen zahlen. Obwohl eine solche kürzlich erforderlich war, weigert er sich, deren Kosten zu erstatten. Er meint, für die Reparatur nicht verantwortlich zu sein. Kann ich meine Forderung gegen ihn kurzerhand mit der Kaution aufrechnen?*

Nein, das geht nicht. Zwar betrifft die Forderung das Mietverhältnis, für das die Kaution gezahlt wurde. Allerdings dürfen Sie im laufenden Mietverhältnis die Kaution nicht wegen solcher Forderungen verwerten, die vom Mieter bestritten sind.

Hierzu gehören neben strittiger Kleinreparaturen vor allem (vom Mieter) bestrittene Betriebskostennachforderungen und (vom Vermieter) bestrittene Mietminderungen. Dies ist während der Mietzeit nur wegen Forderungen unstreitiger Ansprüche möglich (BGH, Urteil v. 07.05.14, Az. VIII ZR 234/13). Ist das Mietverhältnis aber beendet, dürfen Sie dann aber auch wegen streitiger Forderungen (das ist dann der Regelfall) die Kaution verrechnen.

## 24
## Darf ich die Kaution für Betriebskostennachzahlungen zurückhalten?

*Am 30.09.2015 endete mein Mietverhältnis und die Mieterin zog aus. Jetzt verlangt sie die Rückzahlung der Kaution. Für das Jahr 2015 kann ich aber erst im Sommer 2016 die Nebenkostenabrechnung erstellen. Darf ich bis dahin die Kaution ganz oder teilweise noch behalten? In den vergangenen Jahren endete die Abrechnung immer mit einer Nachzahlung.*

Ja, Sie dürfen einen angemessenen Betrag der Mietkaution bis zum Ablauf der Abrechnungsfrist einbehalten, wenn mit einer Nachforderung zu rechnen ist. Dies haben die Richter des BGH in einem wichtigen Grundsatzurteil entschieden (BGH, Urteil v. 18.01.06, Az. VIII ZR 71/05). **Achtung:** Dies gilt nicht für preisgebundenen Wohnraum. Hier ist der Sicherungszweck einer Mietkaution gesetzlich eingeschränkt (§ 9 Abs. 5 S. 1 WoBindG).

Welcher Betrag in Ihrem Fall angemessen ist, hängt davon ab, mit welchen Nachzahlungen Sie berechtigterweise rechnen können. Bedenken Sie dabei vor allem folgende Faktoren:

- Höhe früherer Nachzahlungen
- erfolgte oder fehlende Anpassung der Vorauszahlungen in letzter Zeit
- bekannte Preissteigerungen
- zu erwartende Verbrauchssteigerungen, beispielsweise durch Aufnahme einer weiteren Person in den Haushalt

Grundsätzlich gilt ein Pauschalbetrag in Höhe der letzten Betriebskostennachzahlung zuzüglich eines realistischen Teuerungszuschlags, beispielsweise bei bereits bekannten Steigerungen der Energiepreise, als angemessen.

## 25
## Wann verjährt meine Forderung auf Mietkaution?

*Ich habe die Verwaltung eines Hauses neu übernommen. In den Mietverträgen sind Kautionszahlungen vereinbart. Ein Mieter, der vor 5 Jahren eingezogen ist, hat die Kaution bisher aber nicht geleistet. Ich habe ihn jetzt zur Zahlung aufgefordert, er aber behauptet, der Anspruch sei verjährt. Stimmt das?*

Der Mieter hat leider Recht. Die Kautionszahlung müssen Sie innerhalb von 3 Jahren vom Mieter fordern und notfalls einklagen, später ist der Anspruch verjährt, auch wenn das Mietverhältnis weiter besteht. Die Verjährung des Kautionsanspruchs beginnt nicht etwa erst am Ende des Mietverhältnisses (so etwa KG Berlin, Urteil v. 03.03.08, Az. 22 W 2/08).

Die 3-Jahres-Frist beginnt am Ende des Kalenderjahres, in dem der Kautionsanspruch entstanden ist (§ 199 BGB). Da der Kautionsanspruch bei der Wohnungsmiete nach dem Gesetz zwingend erst in 3 Monatsraten zusammen mit den ersten 3 Mieten fällig wird (§ 551 BGB), haben Vermieter und Verwalter unter Umständen verschiedene Verjährungsfristen zu beachten. Da Ihr Mietverhältnis aber schon seit 5 Jahren besteht, sind Ihre Forderungen auf die 3 Kautionsraten auf jeden Fall verjährt.

## 26
## Gleiche Mietkaution bei unzutreffender Wohnfläche?

*Es hat sich herausgestellt, dass meine Mietwohnung um 14% kleiner ist, als im Mietvertrag angegeben wurde. Mein Mieter verlangt nun, dass seine Mietkaution in Höhe von 3 Nettokaltmieten entsprechend reduziert wird. Zu Recht?*

Ja. Zeigt sich im Laufe des Mietverhältnisses, dass die Mietwohnung um mehr als 10% kleiner ist, als im Mietvertrag angegeben wurde, reduziert sich die geschuldete Miete dauerhaft um den betreffenden Prozentsatz. Folge: Die ursprünglich zuvor von ihm gezahlte Mietkaution in Höhe von 3 Nettokaltmieten übersteigt nun das gesetzlich zulässige Höchstmaß der 3 aktuell geschuldeten Monatsmieten ohne Betriebskosten (§ 551 Abs. 1 BGB).

Aus diesem Grund darf Ihr Mieter nach Meinung des BGH verlangen, dass die Mietkaution an die aktuelle – wegen Flächenabweichung dauerhaft geminderte – Miete angepasst wird. Die insoweit vom Mieter bei Mietbeginn (nach heutiger Sicht) zu viel gezahlte Mietkaution haben Sie ihm also zu erstatten (BGH, Urteil v. 20.07.05, Az. VIII ZR 347/04).

# Modernsierung und Instandhaltung

## 27
## Muss der Mieter auf meine Duldungsanfrage reagieren?

*Ich möchte Modernisierungsarbeiten in der vermieteten Wohnung durchführen lassen. Eine förmliche Modernisierungsankündigung will ich erst 3 Monate vor Beginn der Arbeiten verschicken. Aber der Mieter hat jetzt schon skeptisch reagiert. Daher bin ich mir nicht sicher, ob der Mieter die Arbeiten dulden wird. Gibt es eine Möglichkeit, den Modernisierungsbeginn abzusichern?*

Ja, Sie brauchen nicht erst abwarten, ob der Mieter 3 Monate nach Ihrer Ankündigung die Handwerker in die Wohnung lässt. Vielmehr können Sie bereits jetzt Klarheit bekommen. Gehen Sie folgendermaßen vor:

Fordern Sie Ihren Mieter in Ihrer Modernisierungsankündigung auf, Ihnen mitzuteilen, ob er die genannten Arbeiten dulden wird. Weisen Sie ihn darauf hin, dass Sie sich gezwungen sehen, bei Gericht eine Duldungsklage zu erheben, wenn Sie innerhalb einer vorgegebenen Frist eine negative oder gar keine Antwort erhalten.

Auf eine solche Anfrage muss Ihr Mieter reagieren. Sie können sich auf ein entsprechendes Urteil des Kammergerichts Berlin berufen (Urteil v. 16.07.09, Az. 8 U 77/09). Nach diesem Urteil hat der Mieter 2 Monate Überlegungsfrist. Sie gewinnen also 1 Monat Zeit.

Lässt Ihr Mieter die Frist ohne Antwort verstreichen oder widerspricht er der Modernisierung, dürfen Sie, wie angekündigt, auf Duldung der Modernisierung klagen. Selbst wenn Ihr Mieter im Prozess sofort erklärt, er sei zur Duldung bereit, muss er trotzdem die Kosten des Verfahrens tragen. Denn durch sein Schweigen hat er Ihnen ja Veranlassung zur Klageerhebung gegeben.

## 28
## Kann ich von meinem Mieter die Reparatur kleinerer Schäden verlangen?

*Mein Mieter ruft mich wegen jeder Kleinigkeit an, sei es eine defekte Glühbirne, ein gerissener Rollladengurt oder der tropfende Wasserhahn. Kann ich nicht erwarten, dass er diese Arbeiten, die für einen Laien doch kein Problem sind, selbst behebt?*

Von Ihrem Mieter können Sie leider nicht verlangen, dass er Reparaturen selbst vornimmt, selbst wenn sie einfach durchzuführen sind. Für die Instandhaltung der vermieteten Wohnung sind nämlich immer Sie als Vermieter verantwortlich. Auch die Behebung der beschriebenen kleinen Defekte – man spricht hier von sogenannten „Kleinreparaturen“ – ist daher grundsätzlich Ihre Sache. Es ist jedoch möglich, im Mietvertrag zu vereinbaren, dass der Mieter die Kosten solcher Kleinreparaturen in gewissem Umfang tragen muss. Viele Mietverträge enthalten entsprechende Kleinreparaturklauseln. Sie sind nur wirksam, wenn die Kostenlast des Mieters für jede einzelne Reparatur begrenzt und auch ein Jahreshöchstbetrag angegeben ist.

Achten Sie darauf, nur einen moderaten Kostenrahmen zu vereinbaren. Mit der nebenstehenden Musterformulierung sind Sie auf der sicheren Seite. Bei höheren Beträgen riskieren Sie, dass Ihre Vereinbarung von den Gerichten als eine unangemessene Benachteiligung des Mieters angesehen und für unwirksam erklärt wird. Dann bleiben Sie auch bei kleinen Reparaturen auf den Kosten sitzen.

**Musterformulierung:** „Der Mieter trägt die Reparaturkosten, sofern sie im Einzelfall den Betrag von 100 € nicht überschreiten. Pro Mietjahr ist der Aufwand für Kleinreparaturen für den Mieter auf maximal 8% der jährlichen Nettokaltmiete begrenzt.“

Wenn Ihr Mietvertrag eine solche Klausel enthält, weisen Sie Ihren Mieter darauf hin, dass Sie einen Unternehmer mit den Reparaturen beauftragen werden, Ihr Mieter aber nach dem Vertrag die Kosten zu tragen hat.

## 28
## Ist meine Modernisierungs-Mieterhöhung erst nach Bezahlung der Rechnungen wirksam?

*Ich habe an meinem Mietshaus umfangreiche energetische Modernisierungsmaßnahmen durchführen lassen. Diese hatte ich den Mietern auch zuvor angekündigt. Jetzt habe ich ihnen die Modernisierungs-Mieterhöhung zugeschickt. Einer meiner Mieter verlangt den Nachweis, dass ich die Rechnungen tatsächlich gezahlt habe. Muss ich das nachweisen?*

Nein. Sie brauchen dem Mieter keine Überweisungsbelege oder andere Zahlungsnachweise vorzulegen. Ihre Modernisierungs-Mieterhöhung ist nicht erst dann wirksam, wenn Sie die entsprechenden Rechnungen gezahlt haben.

Hierzu gibt es sogar einen Beschluss des BGH: Darin sagen die Karlsruher Richter ausdrücklich, dass die Modernisierungskosten – in Form einer fälligen Verbindlichkeit – bereits mit Stellung der Rechnung entstehen (BGH, Beschluss v. 20.03.12, Az. VIII ZR 294/11).

Voraussetzung ist damit lediglich, dass die Arbeiten durchgeführt und abgeschlossen sind und dass die Rechnungen Ihnen vorliegen. Diese sind die Grundlage für die Ermittlung der Ihnen durch die Modernisierung entstandenen Kosten. Ab diesem Zeitpunkt können Sie die Mieterhöhung nach §§ 559, 559b BGB erklären.

## 29
## Darf mein Mieter den Einbau von Wasseruhren verlangen?

*Einer meiner Mieter fordert mich auf, in seiner Wohnung einen Wasserzähler zu installieren. Wenn ich das nicht mache, will er es selbst veranlassen. Muss ich seine Forderung erfüllen?*

Nein, es sei denn, die Wohnung liegt in Hamburg. Allgemein gilt: Lediglich der Einbau von Verbrauchsmessgeräten für Heizung und Warmwasser ist durch die Heizkostenverordnung bundeseinheitlich vorgeschrieben.

Regelungen für Kaltwasserzähler finden sich demgegenüber in unterschiedlicher Weise in den Bauordnungen der einzelnen Bundesländer. Die meisten Bundesländer sehen die Installation von Kaltwasserzählern nur in Neubauten vor. Bestandwohnungen brauchen danach also nicht mit Kaltwasserzählern nachgerüstet zu werden. Lediglich in Hamburg müssen auch bestehende Gebäude mit Wasserzählern ausgestattet sein. Und in Schleswig-Holstein sieht § 44 Landesbauordnung eine Nachrüstpflicht bis zum 31.12.2020 vor. In allen anderen Bundesländern ist es (noch) Ihre freie Entscheidung, ob Sie in Ihren Mietwohnungen Wasserzähler einbauen lassen wollen. Ihr Mieter ist zu einem eigenmächtigen Einbau nicht berechtigt – es sei denn, Sie hätten mit ihm etwas Derartiges vereinbart.

Und selbst wenn eine einzelne Wohnung im Gebäude über einen Wasserzähler verfügen würde: Zu einer Abrechnung der Wasserkosten nach gemessenen Verbräuchen sind Sie erst verpflichtet, wenn sämtliche Wohnungen im Gebäude mit Zählern ausgestattet sind

(BGH, Urteil v. 12.03.08, Az. VIII ZR 188/07). Kommen Sie Ihrer Verpflichtung dann aber nicht nach, dürfte Ihr Mieter seine Wasserkosten „als Strafe“ um 15% kürzen (BGH, Beschluss v. 13.03.12, Az. VIII ZR 218/11).

## 30
## Darf der Mieter meinen Handwerker zurückweisen?

*In meiner Mietwohnung ist der Schließmechanismus der Terrassentür defekt. Bereits vor 1 Jahr hat ein von mir bestellter Handwerker den Mechanismus nachgestellt. Vor jetzt 6 Wochen trat derselbe Defekt erneut auf. Der Handwerker probierte mehr als 1 Stunde lang verschiedene Einstellungen, dann funktionierte die Tür wieder, allerdings nur für wenige Tage. Jetzt will der Handwerker defekte Federn austauschen, doch der Mieter lässt ihn nicht mehr in die Wohnung. Ich solle eine „qualifiziertere Firma" beauftragen, meint er. Was kann ich tun?*

Fordern Sie Ihren Mieter nachweislich auf, den von Ihnen bestellten Handwerker in der Wohnung seine Arbeit verrichten zu lassen. Kündigen Sie ihm zugleich einen Termin an, zu dem der Handwerker erscheinen wird. Falls Ihr Mieter – oder eine von ihm beauftragte Person – dann nicht in der Wohnung sein kann, möge er sich mit Ihnen unverzüglich zwecks neuer Terminvereinbarung telefonisch in Verbindung setzen.

Hintergrund: Ihr Mieter hat nicht das Recht zu entscheiden, welche Handwerker er für kompetent hält und insofern in die Wohnung lässt. Allein Sie entscheiden, auf welche Art und Weise ein Mangel behoben wird und wen Sie mit der Mangelbeseitigung beauftragen. So sehen es auch die Gerichte (etwa LG Berlin, Beschluss v. 12.01.11, Az. 67 T 8/11). Konkret: Hindert ein Mieter die Behebung eines Mangels, hat das für ihn die folgenden 5 Konsequenzen:

1. Der Mieter darf wegen dieses Mangels nicht mehr die Miete mindern.
2. Er verliert sein Recht, die Beseitigung des Mangels verlangen zu dürfen.
3. Er haftet Ihnen auf Schadenersatz: Entsteht durch die Verweigerung der Reparatur ein weiterer Schaden, beispielsweise Kosten einer ver-

geblichen Anfahrt des Handwerkers, muss der Mieter Ihnen diesen Schaden erstatten (LG Berlin, Urteil v. 30.03.01, Az. 32 O 759/00).

4. Nötigt der Mieter den Handwerker gewaltsam, die Wohnung zu verlassen, kann ihm fristlos gekündigt werden (LG Berlin, Urteil v. 16.07.13, Az. 67 S 232/13).
5. Der Mieter kann vor Gericht erfolgreich auf Duldung der Reparaturmaßnahmen verklagt werden.

## 31
## Muss mein Mieter auch Modernisierungsarbeiten für eine andere Wohnung dulden?

*Ich möchte eine meiner Mietwohnungen an die Zentralheizung anschließen und die Sanitärrohre erneuern. Die Mieterin der darunter befindlichen Wohnung verweigerte jedoch, die Durchführung der Heizrohre zu dulden. Darf sie das?*

Nein, das darf sie nicht. Die Mieterin muss auch diese Arbeiten dulden. Sehr häufig kommt es vor, dass für Modernisierungen in einer Wohnung Arbeiten in einer anderen Wohnung erforderlich sind. In diesen Fällen gilt: Der Mieter dieser fremden Wohnung hat die betreffenden Modernisierungsarbeiten zu dulden (LG Berlin, Urteil v. 25.11.11, Az. 63 S 86/11).

Denn bei der Schaffung eines neuen Wohnraums handelt es sich um eine Modernisierung im Sinne des Mietrechts (§ 555b Nr. 7 BGB). Insofern muss ein Mieter auch die Durchführung von Leitungen und Heizrohren dulden, etwa wenn das über ihm liegende Dachgeschoss zu Wohnzwecken ausgebaut wird.

## 32
## Mein Mieter verweigert die Instandsetzung bzw. Modernisierung. Darf ich ihm fristlos kündigen?

*Der Dachstuhl meines Gebäudes ist von holzzerstörenden Pilzen („Schwamm") befallen. Doch als ob das nicht schlimm genug ist, weigert sich mein Mieter der Dachgeschosswohnung zur Sanierung auszuziehen. Mein Architekt befürchtet, dass sich der Schaden mit der Zeit immer weiter vergrößert. Darf ich dem Mieter deshalb kündigen?*

Instandsetzungen und Modernisierungen hat Ihr Mieter bei Vorliegen der gesetzlichen Voraussetzungen zu dulden (§§ 555a, 555d BGB). Ein Verstoß gegen diese Duldungspflicht genügte bisher nicht für eine Kündigung des Mietverhältnisses. Sie mussten den Mieter stattdessen nach Ansicht vieler Gerichte zunächst auf Duldung verklagen. Für einen solchen Fall wie dem Ihrigen hat der BGH jedoch unlängst entschieden, dass dem Mieter auch gleich fristlos gekündigt werden darf, wenn er „nur" gegen eine Duldungspflicht verstößt (Urteil v. 15.04.15, Az. VIII ZR 281/13). Das bedeutet:

1. Verletzt der Mieter die Duldungspflicht „schuldhaft" und „nicht unerheblich", dürfen Sie ordentlich mit der gesetzlichen Frist kündigen.
2. Ist Ihnen die Fortsetzung des Mietverhältnisses bis zum Ablauf der Kündigungsfrist nicht zumutbar, ist die nach erfolgloser Abmahnung fristlose Kündigung gerechtfertigt.

Nach diesem Urteil gilt: Sie dürfen nicht auf jede geringfügige Vertragsverletzung des Mieters gleich mit einer fristgerechten oder fristlosen Kündigung antworten. Hier kann tatsächlich eine Duldungsklage vorrangig sein. Verweigert der Mieter aber beharrlich den Zutritt und vergrößert sich dadurch der Schaden, dürfen Sie auch ohne vorheriges Duldungsurteil kündigen.

**Tipp:** Bevor Sie wegen Verletzung einer Duldungspflicht kündigen, wägen Sie Ihr Risiko ab: Haben Sie die Arbeiten so rechtzeitig angekündigt, dass der Mieter sich darauf einstellen kann (§ 555a BGB)? Sind die Einwände des Mieters beachtlich oder eher querulatorisch? Wie dringlich sind die Arbeiten und welche wirtschaftlichen Folgen bringt eine Verzögerung?

## 33
## Für welche Kleinreparaturen muss mein Mieter zahlen?

*Laut Mietvertrag hat mein Mieter die Kosten für Kleinreparaturen bis zu 100 € zu zahlen, insgesamt pro Jahr nicht mehr als 8% der Jahresnettomiete. Jetzt war am Klingeltableau an der Hauseingangstür die Klingel des Mieters defekt. Reparaturkosten: 165 €. Im Bad des Mieters war die Waschbeckenarmatur undicht und die Hähne so schwergängig, dass ich sie selbst ausgetauscht habe. Kosten der neuen Armatur: 76,50 €. Mein Mieter weigert sich, die 176,50 € zu zahlen. Hat er recht?*

Ihr Mieter hat teilweise recht. Die Kosten der neuen Armatur in Höhe von 76,50 € muss er aufgrund der Kleinreparaturvereinbarung im Mietvertrag zahlen. Die 100 € für die Haustürklingel jedoch braucht er nicht zu zahlen. Aus folgenden 2 Gründen:

1. Von den Kleinreparaturen sind nur solche Gegenstände erfasst, die sich innerhalb der gemieteten Räume befinden und auf die der Mieter einen häufigen Zugriff hat. Denn nur dann hat er es in der Hand, durch pfleglichen Umgang Schäden zu vermeiden. Das Klingeltableau jedoch befindet sich außerhalb der Wohnung an der Außenseite der Fassade. Hier hat nicht nur der Mieter, sondern im Grunde jeder Zugriff, der an

Ihrem Haus vorbeigeht. Ebenso wenig müsste Ihr Mieter im Rahmen der Kleinreparaturklausel für Schäden an Gemeinschaftseinrichtungen, beispielsweise dem Gartentor, der Hauseingangstür oder einer gemeinschaftlichen Waschmaschine aufkommen.

2. Zahlen muss der Mieter nur für solche Reparaturen, deren Kosten insgesamt den vereinbarten Betrag nicht überschreiten. Zu einer anteiligen Übernahme größerer Reparaturkosten können Sie Ihren Mieter nicht verpflichten. Da die Gesamtkosten von 165 € über dem vereinbarten Betrag von 100 € liegen, zählt diese Reparatur nicht mehr zu den Kleinreparaturen.

**Bitte beachten Sie:** Können Sie nachweisen, dass der Mieter durch eigenes schuldhaftes Verhalten einen Schaden herbeigeführt hat, dann muss er dafür auch aufkommen. In einem solchen Fall spielen weder die Frage, ob sich die Beschädigung innerhalb der Mieträume befindet, noch die Höhe der Reparaturkosten eine Rolle.

## 34
## Altbauwohnungen: Mein Mieter verlangt die Modernisierung – zu Recht?

*Erst wollte der Mieter unbedingt meine Altbauwohnung beziehen und hat deren Charme gelobt, nun beschwert er sich wegen aller möglichen Unzulänglichkeiten und verlangt Modernisierungsmaßnahmen. Zu Recht?*

Knarrendes Parkett, unzeitgemäße Elektroinstallationen, Hellhörigkeit ... – ob deswegen Ihr Mieter die Miete mindern darf, hängt zunächst davon ab, ob Ihr Mietvertrag Vereinbarungen zum Wohnungszustand enthält. Ohne konkrete Regelung gilt:

Ein Mieter darf erwarten, dass die Mieträume so ausgestattet sind, wie es für vergleichbare Wohnungen des jeweiligen Baualters üblich ist. Nicht mehr und nicht weniger. Wer eine ältere Wohnung anmietet, darf also nicht das gleiche Niveau erwarten, wie es für Neubauwohnungen vorgeschrieben ist. Deshalb darf Ihr Mieter nicht fordern, dass

- die Trittschalldämmung in bzw. über seiner Wohnung den aktuellen Vorschriften entspricht; maßgeblich sind die DIN-Vorschriften, die zur Zeit der Errichtung des Gebäudes galten (BGH, Urteil v. 17.02.10, Az. VIII ZR 104/09).
- die gesamte elektrische Anlage des Gebäudes dem heutigen Stand der Technik angepasst wird (BGH, Urteil v. 26.07.05, Az. VIII ZR 281/03).
- eine funktionstüchtige, aber veraltete Heizung gegen eine moderne Heizung ausgetauscht wird, die leichter zu bedienen ist und Energie einspart (BGH, Urteil v. 14.09.11, Az. VIII ZR 10/11). Dies gilt auch dann, wenn der Mieter bereit ist, die Kosten für die modernisierte Heizung selbst zu.
- seine Wohnungseingangstür an die neuesten Sicherheitsstandards angepasst wird, wenn der Zustand der Tür den Sicherheitsanforderungen der Bauweise des Gebäudes und seinem Baujahr entspricht (AG Berlin- Mitte, Urteil v. 06.09.12, Az. 27 C 30/12).
- seine im Jahr 2002 angemietete Wohnung eine Stromstärke aufweist, die ihn alle 4 Kochplatten und den Backofen gleichzeitig auf der höchsten Stufe betreiben lässt (LG Berlin, Urteil v. 19.07.13, Az. 63 S 362/11).

**Bitte beachten Sie:** 3 Standards darf Ihr Mieter aber erwarten:

- Zum einen muss neben dem Betrieb eines Großverbrauchsgeräts, etwa der Waschmaschine oder des Geschirrspülers, der gleichzeitige Betrieb weiterer haushaltsüblicher Elektrogeräte, wie etwa eines Staubsaugers, möglich sein (BGH, Urteil v. 10.02.10, Az. VIII ZR 343/08).

- Zum anderen muss das Badezimmer über eine Stromversorgung verfügen, die nicht nur eine Beleuchtung, sondern auch den Betrieb kleinerer Geräte (Fön, elektrische Zahnbürste etc.) über eine Steckdose ermöglicht (BGH, Urteil v. 26.07.04, Az. VIII ZR 281/03).
- Schließlich müssen die Wände der Küche stark genug sein, um Hängeschränke für Geschirr und andere Küchenutensilien zu tragen (LG Berlin, Urteil v. 24.02.15, Az. 67 S 355/14).

## 35
## Darf mein Mieter gegen meinen Willen modernisieren?

*Mein Mieter hat eine Altbauwohnung gemietet. In den Zimmern befinden sich einzelne Ölöfen. Jetzt will mein Mieter selbst eine Gasetagenheizung einbauen lassen. Darf er das oder muss ich dem zustimmen? Ich überlege, in einigen Jahren das gesamte Haus an eine Zentralheizung (möglicherweise Fernwärme) anzuschließen.*

Bei dem Einbau einer Gasetagenheizung handelt es sich um eine bauliche Veränderung Ihrer Wohnung. Eine solche darf ein Mieter immer nur mit Zustimmung des Vermieters durchführen. Ob Sie Ihre Zustimmung aber erteilen oder nicht, ist Ihre eigene Entscheidung. Der Mieter hat grundsätzlich keinen Anspruch darauf, dass der Vermieter ihm eine eigene Modernisierung gestattet. So urteilte in einem ähnlichen Fall der Bundesgerichtshof (BGH, Urteil v. 14.09.11, Az. VIII ZR 10/11).

Mit Erteilung einer derartigen Erlaubnis wären Sie in Ihrer eigenen Entscheidungsfreiheit, ob, wann und wie Sie in Ihr Eigentum investieren wollen, erheblich eingeschränkt. Schließlich könnte Ihr Mieter, wenn er jetzt mit Ihrer Zustimmung eine eigene Heizung einbaut, einem späteren Anschluss seiner Wohnung an eine Zentralheizung widersprechen.

Denn bei der Frage, ob eine von Ihnen geplante Umbaumaßnahme eine vom Mieter zu duldende Modernisierung darstellt, ist ein zuvor vom Mieter berechtigterweise geschaffener Wohnungszustand zu berücksichtigen. Auch dies geht aus einem aktuellen Urteil des BGH hervor (BGH, Urteil v. 20.06.12, Az. VIII ZR 110/11).

## 36
## Ich möchte Gewerberäume modernisieren – welche Besonderheiten habe ich dabei zu beachten?

*In meinem Haus befinden sich 3 Wohnungen und im Erdgeschoss ein Laden. Ich möchte im ganzen Haus die Heizung modernisieren und Wärmedämmmaßnahmen durchführen lassen. Gibt es hinsichtlich des Ladens Besonderheiten, die ich beachten muss?*

Der wichtigste Unterschied zwischen der Modernisierung von Wohn- und Gewerberäumen besteht darin, dass die gesetzlich vorgesehene Modernisierungsmieterhöhung (§ 559 BGB) bei Gewerberäumen nicht gilt. Deshalb können Sie eine Mietanpassung nur vornehmen, wenn Sie dies bereits vertraglich vereinbart haben oder aber anlässlich der Modernisierung vereinbaren.

Außerdem sind bei Gewerberäumen Vereinbarungen zulässig, die von den gesetzlichen Modernisierungsvorschriften abweichen – auch zulasten des Mieters. Und bei Gewerberäumen sind solche Vereinbarungen dringend anzuraten. Wird Ihr Gewerbemieter nämlich während der Modernisierungsphase in der Nutzung der gemieteten Räume beeinträchtigt, kann dies unmittelbar auch seine Einkommenssituation negativ beeinflussen. Hieraus können sich Schadenersatzansprüche Ihres Mieters ableiten. Um hier keinen unkalkulierbaren Risiken ausgesetzt zu sein, ist es ratsam, konkrete Vereinbarungen zu treffen, die einen Schadenersatz der Höhe nach begrenzen, verbunden mit Absprachen zu Zeit und Art der Durchführung der Maßnahmen, die eine Beeinträchtigung des Geschäftsbetriebs möglichst gering halten.

| Modernisierung – diese Vorschriften sind zu beachten | | |
|---|---|---|
| **Vorschrift** | **Wohnraum** | **Gewebe** |
| Duldungspflicht des Mieters und Möglichkeit des Härteeinwands (§ 554 Abs. 2 BGB) | ✗ | ✗ |
| Ankündigungspflicht 3 Monate vor Beginn der Maßnahme und Kündigungsrecht des Mieters; Ausnahme: Bagatellmaßnahmen (§ 554 Abs. 3 BGB) | ✗ | ✗ |
| Aufwendungsersatzanspruch des Mieters (§ 554 Abs. 4 BGB) | ✗ | ✗ |
| Unzulässigkeit abweichender Vereinbarungen von vorstehenden Absätzen (§ 554 Abs. 5 BGB) | ✗ | – |
| Gesetzliche Mieterhöhungsmöglichkeit bei Modernisierung (§ 559 BGB) | ✗ | – |

# Mietgebrauch

## 37
## Darf ich das Aufstellen einer Waschmaschine in der Wohnung untersagen?

*Um Wasserschäden von vornherein zu vermeiden, vereinbare ich in meinen Mietverträgen: „Der Mieter darf seine Waschmaschine nur im Waschkeller und nicht in der Wohnung aufstellen.“ Der Waschkeller mit Trockenmöglichkeit ist auch groß genug für alle Mieter. Nun habe ich festgestellt, dass ein Mieter doch eine Waschmaschine in seiner Wohnung benutzt. Was kann ich tun?*

Wenn die vom Mieter benutzte Waschmaschine über eine heute übliche Sicherung gegen Wasseraustritt an den Zu- und Abläufen verfügt und fachgerecht angeschlossen ist, haben Sie leider keine Möglichkeit, die Nutzung der Maschine in den Mieträumen zu untersagen.

Denn die Gerichte gehen heutzutage davon aus, dass das Aufstellen einer auslaufgesicherten Waschmaschine in der Wohnung zum üblichen Gebrauch einer Wohnung gehört. Auch wenn im Gebäude ein Waschkeller vorhanden ist, wird hierin lediglich ein zusätzliches Angebot gesehen, aber keine Verpflichtung, diesen auch zu benutzen.

Lediglich in ganz besonderen Ausnahmesituationen wird ein individuell vereinbartes Aufstellverbot in der Wohnung von den Gerichten akzeptiert, wenn gewichtige Vermieterinteressen ein solches Verbot erforderlich machen (AG Eschweiler, Urteil v. 05.04.13, Az. 26 C 268/12). Dies wäre beispielsweise bei einem alten Gebäude der Fall, dessen Rohrleitungssystem durch die Ableitung des Maschinenwassers überfordert wäre, sodass die konkrete Gefahr von Wasserschäden nachweisbar ist.

In einem solchen Fall muss aber der Mieter im Mietvertrag ausdrücklich darauf hingewiesen werden, dass der Zustand der Rohre den heute üblichen Standard unterschreitet. Außerdem muss der Mieter diesen Zustand als vertragsgemäß akzeptieren.

Die allgemeine Befürchtung, dass es zu Wasserschäden kommen könnte, ist kein hinreichender Grund für ein Aufstellverbot.

## 38
## Der Teppich in der Mietwohnung ist verschlissen – muss ich dafür aufkommen?

*Ich habe Ärger mit meinem Mieter. Als er vor 3 Jahren in die Wohnung eingezogen ist, habe ich im Wohnzimmer einen neuen Teppichboden verlegen lassen. Der Teppichboden ist von guter Qualität und eignet sich für Wohnbereiche mit normaler Nutzung. Nun verlangt mein Mieter von mir einen neuen Teppich, da dieser abgenutzt sei. Bei der Besichtigung habe ich festgestellt, dass tatsächlich einige Laufspuren auf dem Teppich zu sehen sind. Allerdings habe ich auch zwei auffällige Rotwein- bzw. Kaffeeflecken gesehen. Muss ich meinem Mieter jetzt einen neuen Teppich beschaffen?*

Nein, das müssen Sie sicher nicht. Wenn es sich tatsächlich um einen Teppich guter Qualität handelt, sollte dieser eine durchschnittliche Lebensdauer von 12 bis 15 Jahren haben. Davon ist Ihr Teppich ja noch weit entfernt.

Je nach Nutzbarkeit kann es durchaus sein, dass auf Teppichböden bereits deutlich früher Laufspuren festzustellen sind. Das sind aber normale Abnutzungserscheinungen, die Ihr Mieter hinnehmen muss. Dagegen sind Rotwein- bzw. Kaffeeflecken nicht durch eine vertragsgemäße Nutzung des Teppichbodens hervorgerufen worden. Daraus folgt allerdings nicht, dass Ihr Mieter von Ihnen einen neuen Teppich verlangen kann. Vielmehr können Sie von ihm den Ersatz des entstandenen Schadens verlangen.

Da der Bodenbelag schon gebraucht war, können Sie nicht Schadenersatz in Höhe des Neupreises des Teppichbodens verlangen. Vielmehr müssen Sie sich einen Abzug „Neu für Alt" gefallen lassen.

Ausgehend von einer durchschnittlichen Lebensdauer Ihres Bodens von 12 Jahren und einer bereits erfolgten Nutzung von 3 Jahren übersteigt die Lebensdauer eines neuen Teppichs den alten Teppich um 25%. Damit können Sie, wenn Sie einen neuen Teppich verlegen, von Ihrem Mieter den Neupreis des Teppichbodens abzüglich 25% als Schadenersatz verlangen.

## 39
## Darf ich meinem Mieter die Nutzung eines Schuppens widerrufen?

*Mein Mieter nutzt seit einigen Jahren einen Schuppen im Garten als Abstellraum. Weder eine Gartennutzung noch der Schuppen sind im Mietvertrag erfasst. Ich habe die Nutzung aber geduldet. Da der Mieter inzwischen auch rund um den Schuppen Gegenstände lagert, möchte ich ihm die Nutzung des Schuppens und des Gartens untersagen. Darf ich das?*

Das kommt in der Praxis immer wieder vor: Im Laufe des Mietverhältnisses erweitert der Mieter eigenmächtig seinen Mietgebrauch, belegt beispielsweise einen weiteren Kellerraum, den Dachboden oder einen Stellplatz, nutzt den Garten oder – in Ihrem Fall – einen Schuppen im Garten. Der Vermieter duldet das einige Zeit stillschweigend, doch dann wird es ihm zu viel. Oder die Umstände ändern sich.

Eine solche Gestattung aus Gefälligkeit können Sie jederzeit widerrufen (KG Berlin, Urteile v. 14.12.06, Az. 8 U 83/06 und v. 01.12.08, Az. 8 U 121/08).

Ein Widerruf scheidet jedoch aus, wenn Sie sich mit Ihrer Duldung vertraglich binden wollten oder der Mieter Ihr Verhalten so verstehen musste. Haben Sie beispielsweise erkannt, dass der Mieter erhebliche Investitionen tätigt, weil er von einer dauerhaften Gestattung der Nutzung ausgeht, und sind Sie dennoch nicht eingeschritten, ist von einer solchen vertraglichen (stillschweigenden) Gebrauchserweiterung auszugehen. Wie Sie Ihren Fall schildern, gibt es dafür aber keine Anhaltspunkte.

**Tipp:** Um einem späteren Streit aus dem Weg zu gehen, können Sie von Anfang an klarstellend einen Widerrufsvorbehalt vereinbaren: „Dem Mieter wird gefälligkeitshalber die Nutzung von ... gestattet. Ein rechtlicher Nutzungsanspruch ist daraus nicht herzuleiten. Die Gestattung kann der Vermieter jederzeit und ohne Vorliegen von Gründen widerrufen.“

## 40
## Grillen auf dem Balkon: Was darf der Mieter und was darf er nicht?

*Ich habe nur Ärger mit meinen neuen Mietern, weil sie auf dem Balkon sehr häufig Grillen. Die Nachbarn haben sich schon über lautes Lachen, Grölen und Musik bis tief in die Nacht hinein beschwert. Die Mieter meinen aber, sie dürften das. Wie ist die Rechtslage?*

Auch ein Grillfreund muss anerkennen: Ziehen Gerüche und Dämpfe auf den benachbarten Balkon oder in die Wohnung, kann dies sehr unangenehm sein – von den akustischen Beeinträchtigungen durch die Grillfreunde ganz zu schweigen. Sind die Beeinträchtigungen erheblich, darf der gestörte Mieter die Miete mindern.

Wie intensiv die Beeinträchtigung ist, hängt von den baulichen Gegebenheiten ab. Da diese individuell verschieden sind, enthält das Gesetz keine für alle Mietverhältnisse einheitlichen Regelungen. Vielmehr gilt: Je enger die Nachbarn beieinander wohnen, desto größer ist die Verpflichtung zur gegenseitigen Rücksichtnahme.

Im Klartext gehen die Gerichte von folgender Faustformel aus: In Mehrfamilienhaus dürfen Mieter in der Zeit von April bis September einmal monatlich auf Balkon oder Terrasse bis 24 Uhr grillen. Voraussetzung ist, dass die hiervon beeinträchtigten Mieter hierüber mindestens 48 Stunden vorher informiert werden (OLG Oldenburg, Urteil v. 29.07.02, Az. 13 U 53/02; AG Bonn, Urteil v. 29.04.97, Az. 6 C 545/96).

Das bedeutet aber auch: Wird häufiger gegrillt und/oder das Grillen nicht angekündigt, dann dürfen Sie die betreffenden Mieter nach erfolgloser Abmahnung fristlos kündigen (LG Essen, Urteil v. 07.02.02, Az. 10 S 438/01).

Haben Sie in Ihrer Hausordnung abweichende Regelungen getroffen, gelten diese. Sie können vereinbaren, dass alle Mieter häufiger grillen dürfen. Eine Beschneidung der Grilltermine oder gar ein völliges Verbot für Balkon-BBQs dürfen Sie in der Hausordnung aber nur vereinbaren, wenn den Mietern eine geeignete Grillstelle zur Verfügung steht.

**Tipp:** Nehmen Sie die Beschwerden Ihrer Nachbarn ernst und achten Sie darauf, ob sich Ihre grillenden Mieter an die Regeln halten. Anderenfalls machen Sie von Ihrem Recht auf Abmahnung und Kündigung Gebrauch, um keine Mietminderungen zu riskieren.

## 41
## Darf mein Mieter seine Wohnung leer stehen lassen?

*Seit März habe ich einen Mieter, der seine Wohnung gar nicht nutzt, also praktisch nie zu Hause ist. Ich finde das seltsam und mache mir auch Sorgen um meine Wohnung, da zum Beispiel auch nie gelüftet wird.*

Ein Mieter darf seine Wohnung nutzen, muss dies aber nicht. Oder anders ausgedrückt: Ein Mieter hat ein Nutzungsrecht, aber keine Nutzungspflicht (BGH, Urteil v. 08.12.10, Az. VIII ZR 93/10).

**Beachten Sie:** Der Mieter muss die Mieträume aber schonend behandeln und sie vor Schäden schützen. Etwa muss der Mieter lüften, soweit dies für den Erhalt der Bausubstanz erforderlich ist, ebenso hat er in der kalten Jahreszeit zu heizen. Und zwar immer, egal ob er im Urlaub, im Krankenhaus oder in Kur ist oder – wie bei Ihnen – offenbar woanders wohnt.

Kommt der Mieter diesen Pflichten nicht nach und droht infolgedessen der Mietwohnung ein Schaden, dürften Sie ihn abmahnen und bei Erfolglosigkeit auch kündigen.

## 42
## Die Parkplätze sind immer wieder blockiert. Darf ich abschleppen lassen?

*Wird der zu Ihrem Mietobjekt gehörende Parkplatz immer wieder durch unberechtigt abgestellte Fahrzeuge blockiert? Das brauchen Sie nicht hinzunehmen.*

Sie dürfen vielmehr ein Abschleppunternehmen mit der Überwachung des Parkplatzes beauftragen. Die Abschleppkosten muss der Falschparker zahlen – es sei denn, sie wären überhöht (BGH, Urteil v. 04.07.14, Az. V ZR 229/13).

Wer sein Fahrzeug unbefugt auf einem Privatgrundstück abstellt, begeht verbotene Eigenmacht. Hiergegen darf sich der rechtmäßige Besitzer wehren, indem er das Fahrzeug abschleppen lässt. Bei einem Parkplatz mit einer Vielzahl von Stellplätzen ist das Abschleppen auch dann zulässig, wenn das unbefugt parkende Fahrzeug gar keine besondere Behinderung darstellt, weil noch andere freie Stellplätze vorhanden sind (BGH, Urteil v. 05.06.09, Az. V ZR 144/08).

Damit Sie die Abschleppkosten als Schadenersatz von dem Fahrzeugführer erstattet bekommen können, ist es aber wichtig, dass Sie auf dem Parkplatz deutlich sichtbar darauf hinweisen, wer zum Parken berechtigt ist, und dass unbefugt abgestellte Fahrzeuge kostenpflichtig abgeschleppt werden.

Es ist nicht erforderlich, in jedem einzelnen Fall unbefugten Parkens einen separaten Abschleppauftrag zu erteilen. Sie dürfen ein Abschleppunternehmen schon im Vorfeld durch eine allgemeine Vereinbarung mit der Überwachung des Grundstücks und dem Abschleppen unberechtigt parkender Fahrzeuge beauftragen.

Zulässig ist es weiterhin, dass Sie bzw. das Abschleppunternehmen den Standort eines abgeschleppten Fahrzeugs erst bekanntgeben, wenn der Fahrzeugführer genannt wird und die durch das Abschleppen entstandenen Kosten beglichen sind. Die Erstattungspflicht des Fahrzeugführers ist jedoch durch das Gebot der Wirtschaftlichkeit begrenzt: Sie dürfen nicht überhöht sein, sondern müssen sich im Rahmen dessen halten, was am jeweiligen Ort als Abschleppkosten üblich ist (BGH, Urteile v. 04.07.14, Az. V ZR 229/13 und v. 11.02.14, Az. VI ZR 225/13).

**Tipp:** Wird Ihr Mieter immer wieder durch unbefugt parkende Fahrzeuge daran gehindert, den von ihm gemieteten Stellplatz zu nutzen, stellt dies einen Mangel dar, der ihn zur Mietminderung berechtigt. Abhilfe schaffen können Sie nicht nur mit der genannten Parkraumüberwachung, sondern auch durch bauliche Maßnahmen wie einen Parkbügel.

## 43
## Darf ich die Wohnung meines Mieters mal besichtigen?

*Meine Mietwohnung habe ich seit deren Vermietung 2007 nicht mehr gesehen. Auch wenn mit dem Mieter alles klappt, so möchte ich doch mal nach dem Rechten sehen. Der Mietvertrag sieht dies „alle 2 Jahre“ vor, dennoch verweigert mein Mieter die Besichtigung. Zu Recht?*

In vielen Mietverträgen steht wie bei Ihnen eine Klausel, die dem Vermieter das Recht gibt, die vermietete Wohnung in Abständen von 1 bis 2 Jahren zu besichtigen, um sich vom ordnungsgemäßen Zustand der Räumlichkeiten zu überzeugen. Viele Gerichte hatten bisher ein solches Besichtigungsrecht bestätigt. Jedoch hat der BGH solche Klauseln aber mittlerweile für unzulässig erklärt (Urteil v. 04.06.14, Az. VIII ZR 289/13). Die Richter weisen darauf hin, dass dem Mieter während der Mietzeit das alleinige Gebrauchsrecht an der Wohnung zusteht, verbunden mit dem Recht, in diesen Räumen „in Ruhe gelassen zu werden“. Nach Meinung des BGH ist hiermit unvereinbar, dass der Vermieter ohne besonderen Anlass in regelmäßigen Abständen die vermieteten Räume besichtigen darf. Die entsprechenden Klauseln in den Mietverträgen sind also jetzt unwirksam, Ihr Mieter hat also Recht.

Mit Zustimmung des Mieters können Sie allerdings weiterhin auch ohne besonderen Anlass den ordnungsgemäßen Wohnungszustand überprüfen. Es spricht auch nichts dagegen, eine solche Regelung individuell im Mietvertrag auszuhandeln.

Und selbstverständlich gilt weiterhin: Aus konkreten sachlichen Gründen können Sie jederzeit vom Mieter Zutritt zu den gemieteten Räumen verlangen, etwa zur:

- Ablesung von Verbrauchsmessgeräten
- Überprüfung angezeigter oder bekannter Mängel, auch zusammen mit Handwerkern oder Sachverständigen
- Vornahme von Reparaturen
- Überprüfung durchgeführter Handwerkerleistungen
- Besichtigung mit Maklern, Miet- oder Kaufinteressenten

**Ihr Vorteil:** Haben Sie das Recht auf Wohnungsbesichtigung und vereitelt Ihr Mieter die Besichtigung beharrlich, dürfen Sie ihm kündigen (LG Berlin, Beschluss v. 18.02.15, Az. 65 S 527/14).

## 44
## Immer wieder Streit um Tabakrauch – wie ist die Rechtslage?

*In meinem Mietshaus gibt es ständig Beschwerden um Tabakrauch. Manche Mieter bestehen auf den blauen Dunst, andere drohen mit Mietminderung. Als Vermieter sitze ich zwischen den Stühlen und weiß nicht, wie die Rechtslage ist.*

Die Rechtslage beim Thema Rauchen bestimmt sich durch die Urteile des Bundesgerichtshofs. Darin betonen die Richter zwar, dass das Rauchen in der Mietwohnung zu ihrer erlaubten Nutzung gehört. Allerdings gibt es Grenzen: Mieter haben auch das Recht, sich vor übermäßiger Geruchsbelästigungen oder gar Gesundheitsgefahren schützen zu können. Dies sind – kompakt zusammengefasst – die „6 goldenen Regeln" rund um das Thema Rauchen:

1. Rauchen in der Mietwohnung ist immer erlaubt; in Gemeinschaftsräumen (etwa im Treppenhaus) darf Mietern das Rauchen untersagt werden (BGH, Urteil v. 28.06.06, Az. VIII ZR 124/05).
2. Ein Mieter muss deshalb beim Abschluss des Mietvertrags nicht (wahrheitsgemäß) angeben, dass er Raucher ist.
3. Ein formularvertragliches Rauchverbot in der Mietwohnung ist immer unwirksam; aufgrund einer individuell ausgehandelten Vereinbarung kann sich der Mieter zu einem Rauchverbot in der Mietwohnung verpflichten (BGH, Urteil v. 28.06.06, Az. VIII ZR 124/05).
4. Starkes Rauchen in der Wohnung ist prinzipiell kein Kündigungsgrund. Ausnahme: Der in das Treppenhaus gelangende Rauch beeinträchtigt die übrigen Hausbewohner dauerhaft derart massiv, dass Gesundheitsgefahren zu befürchten sind, wobei vorangegangene Abmahnungen zu keiner Besserung führten (BGH, Urteil v. 18.02.15, Az. VIII ZR 186/14).

5. Rauchen am geöffneten Küchenfenster oder auf einem Balkon ist auch dann gestattet, wenn es in der darüber liegenden Wohnung zu Beeinträchtigungen kommt. Ausnahme: Bei stärkerem Rauchen (ca. mehr als 10 Zigaretten am Tag) müssen sich die Nachbarn auf Rauchzeiten verständigen, um für einen Ausgleich ihrer jeweils berechtigten Interessen zu sorgen (BGH, Urteil v. 16.01.15, Az. VIII ZR 110/14).
6. Als Vermieter haben Sie keine Schadenersatzansprüche bei Nikotinablagerungen in der Mietwohnung. Ausnahme: Ist ein Fall „exzessiven" Rauchens gegeben, schuldet Ihnen der Mieter Schadenersatz (unabhängig von einer Renovierungsklausel). Hiervon ist auszugehen, wenn sich die Rauchspuren nicht mehr durch eine einfache Renovierung beseitigen lassen (BGH, Urteil v. 05.03.08, Az. VIII ZR 37/07) .

## 45
## Müssen die Mitmieter Klavierspiel ertragen oder darf ich kündigen?

*Einer meiner Mieter ist ein leidenschaftlicher Klavierspieler. Oft musiziert er abends etwa 1 Stunde lang, am Wochenende werden es auch schon mal 2 Stunden. Manche Nachbarn haben sich jetzt bei mir beschwert und wollen die Miete mindern. Was kann ich tun?*

Hausmusik führt häufig zu Streitigkeiten zwischen den Mietern. Die Gerichte jedoch eindeutig: Grundsätzlich darf einem Mieter nicht verboten werden, in der Mietwohnung zu musizieren Allerdings muss er dabei auf die Nachbarn Rücksicht nehmen. Das heißt konkret: Sind die Ruhezeiten in einer Hausordnung oder Mietvertrag geregelt, sind die dort angegebenen Zeiten maßgeblich (BGH, Beschluss v. 10.09.98, Az. V ZB 11-98)

Üblicherweise liegen die Ruhezeiten mittags zwischen 13.00 und 15.00 Uhr sowie von 22.00 Uhr abends bis 7.00 Uhr morgens. An den Wochenenden ist bereits ab 19.00 Uhr abends und bis 8.00 Uhr morgens Ruhe zu halten. In aller Regel gilt Sonn- und Feiertagsruhe. In Ihren Mietverträgen oder in der Hausordnung dürfen andere Zeiten festgelegt sein.

Außerhalb dieser Ruhezeiten darf ein Mieter ein Musikinstrument spielen, jedoch nicht unbegrenzt. Die Tageshöchstdauer wird von den Gerichten meist bei 2 bis 3 Stunden angesetzt. Sie variiert je nach Hellhörigkeit des Hauses, Bewohnerstruktur und Art des Instruments. Trommeln und Trompeten in einem Haus mit überwiegend älteren, ruheliebenden Bewohnern dürfen also nur kürzer gespielt werden, bei Blockflöten in einem Haus mit vielen kleinen Kindern oder an einer vielbefahrenen Straße liegt die Höchstspieldauer pro Tag eher bei den vollen 3 Stunden.

Ihr Mieter hält sich mit 1 Stunde Klavierspiel am Tag innerhalb dieser erlaubten Grenzen. Nimmt die Musik nach Dauer und Intensität einen unzumutbaren Umfang ein oder missachtet der musizierende Mieter die Ruhezeiten, darf der Vermieter nach vorheriger erfolgloser Abmahnung kündigen (LG Coburg, Beschluss v. 15.04.08, Az. 32 S 1/08).

In einem solchen Fall dürfen die sich gestört fühlenden Mieter auch die Miete mindern. Tun sie dies, haben die störenden Mieter dem Vermieter den entsprechenden Mietverlust zu ersetzen (AG Bremen, Urteil v. 09.03.11, Az. 17 C 105/10).

## 46
## Hafte ich meinem Mieter für Putzabbruch?

*In der erst vor 2 Monaten neu vermieteten Wohnung ist ein Stück von den Stuckverzierungen der Decke heruntergebrochen, leider gerade auf den Fernseher des Mieters, der dadurch beschädigt wurde. Der Mieter verlangt, dass ich ihm den Schaden ersetze. Zu Recht?*

Entscheidend ist, was Sie im Mietvertrag zur Frage der Haftung vereinbart haben. Enthält Ihr Mietvertrag keine Regelung hierzu, gilt Folgendes:

Der Eintritt des Schadens bereits kurz nach Beginn des Mietverhältnisses weist darauf hin, dass die Stuckdecke bereits bei Abschluss des Mietvertrags mangelhaft war. Für solche anfänglichen, also bereits im Zeitpunkt des Vertragsschlusses existierenden Mängel haften Sie als Vermieter auch dann, wenn Sie an der Entstehung des Mangels und des Schadens keinerlei Verschulden trifft. Geregelt ist dies in § 536a Abs. 1 BGB. Sie haften also auch dann, wenn Sie den Mangel überhaupt nicht erkennen oder vermeiden konnten. Man spricht hier von der „Garantiehaftung des Vermieters für anfängliche Mängel".

Mit anderen Worten: Als Vermieter garantieren Sie Ihrem Mieter mit dem Mietvertragsabschluss unausgesprochen, dass die Mietsache zu diesem Zeitpunkt ohne Mängel ist.

Entstehen dem Mieter – wie in Ihrem Fall – durch einen derartigen anfänglichen Mangel Schäden an seinem Mobiliar (oder wird er selbst verletzt), kann er vom Vermieter Schadenersatz verlangen.

Prüfen Sie, bevor Sie vorschnell zahlen, Ihren Mietvertrag. Was viele nämlich nicht wissen: Es ist zulässig, diese strenge Haftung für anfängliche

Mängel durch vertragliche Vereinbarung auszuschließen. Möglicherweise enthält auch Ihr Vertrag einen derartigen Haftungsausschluss. Dann kann Ihr Mieter keinen Ersatz von Ihnen verlangen, es sei denn, er weist Ihnen ein Verschulden nach.

**Tipp:** Nehmen Sie in Ihre Mietverträge am besten stets die folgende Vereinbarung auf: „Die verschuldensunabhängige Haftung des Vermieters für anfängliche Sachmängel (§ 536a Abs. 1 BGB) wird ausgeschlossen."

## 47
## Können Mieter eine generelle Erlaubnis zur Untervermietung verlangen?

*Mein Mieter hat mich um eine schriftliche Erlaubnis zur Untervermietung gebeten. Er sagt, er möchte Sicherheit, bevor er den Aufwand der Untermieter-Suche betreibt und ich nachher „nein" sage. Ist das rechtens?*

Nein, zu einer generellen Untermieterlaubnis sind Sie nicht verpflichtet. Damit Sie prüfen können, ob Sie den Wunsch Ihres Mieters nach Untervermietung ablehnen können, muss der Mieter Ihnen die Person des Untermieters mit ihrem vollständigen Namen nennen. Ohne eine solche Konkretisierung des Untermieters kann Ihr Mieter von Ihnen keine Erlaubnis verlangen. Dies hat so der BGH entschieden (Beschluss v. 21.02.12, Az. VIII ZR 290/11).

Sie haben nämlich das Recht, einen Untermieter abzulehnen, wenn gegen ihn berechtigte Gründe sprechen. Dies ist etwa der Fall, wenn der in Frage kommende Untermieter bereits mehrfach als Besucher Ihres Mieters durch nächtliche Ruhestörungen aufgefallen ist. Fehlende Zahlungsfähigkeit gilt demgegenüber nicht als Ablehnungsgrund, da weiterhin Ihr Mieter für die Zahlungen verantwortlich ist.

Vermietet Ihr Mieter unter, ohne Ihre Erlaubnis zu der konkreten Person eingeholt zu haben, verletzt er seine vertraglichen Pflichten. Sie dürfen ihm deshalb kündigen. Dies gilt selbst dann, wenn Sie ihm bei korrekter Nachfrage die Erlaubnis hätten erteilen müssen (BGH, Urteil v. 02.02.11, Az. VIII ZR 74/10).

Darf Ihr Mieter von Ihnen die Erlaubnis zur Untervermietung verlangen, kann ihre unberechtigte Verweigerung dazu führen, dass Sie dem Mieter den entgangenen Untermietzins als Schadensersatz ersetzen müssen (BGH, Urteil v. 11.06.14, Az. VIII ZR 349/13).

Haben Sie Ihrem Mieter gleichwohl generell die Erlaubnis zur Untervermietung gegeben, so darf dieser aber nicht tageweise an Touristen untervermieten; dies wäre ggf. rechtswidrig und würde Sie zur Kündigung des Mietvertrages berechtigen (BGH, Urteil v. 08.01.14, Az. VIII ZR 210/13).

# Betriebs- und Heizkosten

## 48
## Muss mein Mieter „die Betriebskosten" zahlen?

*In meinem Mietvertrag habe ich vereinbart, dass der Mieter „die Betriebskosten" zu zahlen hat, wobei hierfür bestimmte Vorauszahlungen angesetzt werden. Deren Zahlung verweigert mein Mieter nun, zu Recht?*

Damit Ihr Mieter Betriebskosten zu zahlen hat, muss dies im Mietvertrag vereinbart sein. Anderenfalls trägt der Vermieter die Betriebskosten (§ 535 BGB). Für eine solche Vereinbarung hat der BGH früher verlangt, dass die gesetzliche Rechtsquelle im Mietvertrag in Bezug genommen wird, etwa: „Der Mieter zahlt die Betriebskosten gemäß der Betriebskostenverordnung" (BGH, Urteil v. 27.06.07, Az. VIII 202/06). Gegebenenfalls brauchten die Betriebskosten nicht im Einzelnen aufgezählt werden.

Nun ist der BGH noch großzügiger geworden und lässt für eine wirksame Vereinbarung ausreichen, dass der Mieter „die Betriebskosten" trägt. Auf das Gesetz muss also nicht mehr verwiesen werden (BGH, Urteil v. 10.02.16, Az. VIII ZR 137/15). Das ist genau Ihr Fall; Ihr Mieter darf die Zahlung der Vorauszahlungen also nicht verweigern.

## 49
## Hat der Mieter die Betriebskostenumlage durch Zahlung akzeptiert?

*In meinem Mietvertrag ist lediglich die Umlage der Kosten für Heizung, Warm- und Kaltwasser vereinbart. Der vorherige Vermieter hatte vor 8 Jahren eine Erhöhung der Vorauszahlungen angekündigt. In dem Schreiben wurde dem Mieter mitgeteilt, dass in Zukunft auch die Müllgebühren und die Versicherung umgelegt werden sollen. Das ist dann auch zunächst so gehandhabt worden. Ohne weitere Ankündigung werden nun seit 5 Jahren sämtliche Betriebskosten abgerechnet. Plötzlich weigert der Mieter sich nun, die Betriebskosten in der abgerechneten Höhe zu zahlen. Was soll ich tun?*

Grundsätzlich sind Sie bei der Umlage von Betriebskosten an die Vereinbarungen im Mietvertrag gebunden, auch wenn der Mietvertrag bereits viele Jahre alt ist.

Allein dadurch, dass jahrelang nicht vereinbarte Betriebskosten abgerechnet und vom Mieter gezahlt wurden, kommt keine Änderung des Mietvertrags zustande. Dies berechtigt Sie also nicht dazu, auch in Zukunft sämtliche Betriebskosten umzulegen. In Ihrem Fall ergibt sich aber die Besonderheit, dass dem Mieter vor 8 Jahren die Abrechnung der Müllgebühren und der Versicherung explizit angekündigt wurde. Zahlt der Mieter nach einer solchen Ankündigung die entsprechend abgerechneten Betriebskosten, kommt insoweit eine geänderte Betriebskostenumlagevereinbarung zustande (BGH, Urteil v. 09.07.14, Az. VIII ZR 36/14).

Das bedeutet für Sie: Neben den Kosten für Heizung, Warm- und Kaltwasser dürfen Sie auch die Kosten für Müll und Versicherung abrechnen, weitere Kosten jedoch nicht.

## 50
## Muss ich dem Mieter die Gesamtkosten erklären?

*Mein Mieter hat an meiner letzten Betriebskostenabrechnung beanstandet, bei den Gesamtkosten sei nicht ersichtlich, ob diese auch nicht umlagefähige Kosten enthalten. Ist dies bei einer Betriebskostenabrechnung denn nötig?*

Bis vor kurzem war dies tatsächlich noch notwendig, doch hat der BGH jetzt erfreulicherweise seine Rechtsprechung geändert und entschieden, dass die Gesamtkosten zu einer Betriebskostenart nur noch anzugeben sind. Anders als früher muss zu diesem Gesamtbetrag nicht mehr angegeben und erläutert werden, ob er zuvor um Kostenanteile bereinigt worden ist, die nicht auf den Mieter umgelegt werden können (BGH, Urteil v. 20.01.16, Az. VIII ZR 93/15).

Das spart Vermieter und Verwaltern einen teils erheblichen Aufwand, denn jetzt brauchen Sie insbesondere die folgenden Kosten in Ihrer Abrechnung nicht mehr separat ausweisen und erläutern:

- Nicht umlagefähige Hausmeisterkosten (für Verwaltung und Instandsetzung)
- Nicht umlagefähige Betriebskosten bei mehreren Abrechnungseinheiten in Mehrhausanlagen
- Nicht umlagefähige Betriebskosten wegen Vorwegabzugs bei gewerblich genutzten Räumen

Ob die (nun nicht mehr erkennbar) errechneten Gesamtkosten zutreffend sind, muss der Mieter selbst prüfen. Durch Einsichtnahme in die Abrechnungsunterlagen.

## 51
## Wie schütze ich mich bei der Korrespondenz mit dem Mieterverein?

*Die Abrechnungsperiode für Betriebskosten geht bei mir vom 1. Oktober bis 30. September. Bei der vorletzten Betriebskostenabrechnung hatte sich der örtliche Mieterverein für meinen Mieter gemeldet, mit dem ich mich dann über Monate gestritten habe. Aus diesem Grund habe ich die letzte Betriebskostenabrechnung am 20. September direkt dem Mieterverein zugestellt. Mein Mieter behauptet nun, nicht nachzahlen zu müssen, da er die Abrechnung nicht innerhalb der Jahresfrist erhalten habe.*

Ihr Mieter hat leider recht. Diese Konstellation kommt in der Praxis häufig vor und ist für den Vermieter ziemlich tückisch, denn: Die Mietervereine beraten ihre Mitglieder und führen auch oft die Korrespondenz mit deren Vermietern. Jedoch sind die Mietervereine – und das ist entscheidend – regelmäßig nicht zur Entgegennahme von Willenserklärungen ermächtigt.

Und das wiederum bedeutet, dass Sie Schreiben an den Mieter nicht wirksam über dessen Mieterverein zustellen können. Anders ist es nur, wenn der Mieterverein Ihnen seine Bevollmächtigung ausdrücklich anzeigt, etwa indem er erklärt: „Ihr Mieter wird von uns vertreten, bitte führen Sie sämtliche Korrespondenz in dieser Sache ausdrücklich über uns."

Doch selbst, wenn Sie eine solche Mitteilung des Mietervereins zu Ihrer vorletzten Betriebskostenabrechnung erhalten hätten, würde diese nicht darüber hinauswirken. Zur Entgegennahme Ihrer letzten Betriebskostenabrechnung war der Mieterverein also in keinem Fall berechtigt. Darauf, dass der Mieterverein Ihre Abrechnung innerhalb der einjährigen Abrechnungsfrist erhalten hat, kommt es also nicht an, entscheidend ist nur, wann sie der Mieter selbst erhalten hat.

Diese Problematik tritt auch bei Abmahnungen, Kündigungen, Mieterhöhungen sowie Modernisierungsankündigungen auf. In allen diesen Fällen ist es erforderlich, dass der Mieter sie nachweislich erhalten hat – und dies ist bei Zustellungen über den Mieterverein zwar im Einzelfall möglich, im Regelfall jedoch nicht. Das Risiko und das Nachsehen haben dann Sie.

**Tipp:** Auch wenn für Ihren Mieter ein Mieterverein in Aktion getreten ist, sollten Sie alle Schreiben nur an Ihren Mieter selbst richten. Allein durch die direkte Korrespondenz mit Ihrem Mieter beugen Sie Rechtsnachteilen vor. Daneben können Sie dem Mieterverein zur Beschleunigung der Auseinandersetzung freilich Kopien Ihrer Schreiben machen.

**Bitte beachten Sie:** Das Gleiche gilt grundsätzlich auch für einen Anwalt, der sich für Ihren Mieter in einer bestimmten Angelegenheit eingeschaltet hat. Zwar ist dieser für diese Angelegenheit auch zur Entgegennahme von Willenserklärungen bevollmächtigt, weshalb Sie in diesem Fall Schreiben direkt an ihn richten können. Allerdings müssen Sie auch hier beachten, dass sich seine Bevollmächtigung immer nur auf die laufende Sache bezieht.

## 52
## Kann ich einfach die Hausgeldabrechnung an den Mieter weiterreichen?

*Ich habe meine Eigentumswohnung vermietet. Kann ich die Abrechnung des Verwalters an meinen Mieter weiterreichen? Der Verwalter hat die Kosten bereits in umlegbare und nicht umlegbare Kosten geteilt.*

Hausgeld- und Betriebskostenabrechnung sind zweierlei. Ein schlichtes Weiterreichen ist daher nicht möglich. Welche Kosten Sie tatsächlich Ihrem

Mieter in Rechnung stellen können, hängt darüber hinaus von Ihrem konkreten Mietvertrag ab. Auch nach welchen Verteilungsschlüsseln Sie die einzelnen Betriebskosten Ihrem Mieter anlasten dürfen, richtet sich nach Ihrem Mietvertrag. Beides ist nicht zwangsläufig identisch mit der Hausgeldabrechnung.

Beispiel: Der Verwalter legt Kosten nach Miteigentumsanteilen (MEA) um, Sie haben mit Ihrem Mieter jedoch eine Kostenverteilung nach $m^2$ oder nach Personenzahl vereinbart.

Ergänzen Sie auf jeden Fall noch die Grundsteuer, wenn die Umlage im Mietvertrag vereinbart ist. Diese ist in der Hausgeldabrechnung nicht enthalten. Prüfen Sie außerdem, ob die angegebenen Verteilungsschlüssel verständlich sind, und geben Sie Ihrem Mieter im Zweifel zusätzliche Erläuterungen.

**Tipp:** Vereinbaren Sie bei Vermietung einer Eigentumswohnung, dass Sie die Betriebskosten gegenüber Ihrem Mieter entsprechend den Verteilungsschlüsseln in der Hausgeldabrechnung umlegen. Fügen Sie die Kopie der letzten Abrechnung bei. So ersparen Sie sich unnötige Umrechnungsarbeit.

## 53
## Öltankreinigung: Wie lege ich die Kosten korrekt auf die Mieter um?

*Ich habe im letzten Jahr den Öltank in meinem Mietshaus reinigen lassen und die Kosten komplett in die Abrechnung aufgenommen. Die letzte Reinigung fand 4 Jahre zuvor statt. Ein Mieter behauptet, ich müsse die Kostenumlage auf 4 Jahre verteilen. Stimmt das?*

Nein, Ihr Mieter irrt sich. Betriebskosten, die nur im Abstand von mehreren Jahren anfallen, beispielsweise auch Eichkosten für Wasserzähler, dürfen Sie im Jahr der Zahlung komplett in Ihre Betriebskostenabrechnung aufnehmen. Das haben die BGH-Richter genau zu Ihrer Frage betreffend die Öltankreinigung bereits entschieden (BGH, Urteil v. 11.11.09, Az. VIII ZR 221/08). Sie brauchen also nicht – wie Ihr Mieter irrig meint – die Kosten auf 4 Jahre aufzuteilen.

**Aber:** Die Kosten einer Öltankreinigung sind „sonstige Betriebskosten, die Sie als solche mit dem Mieter ausdrücklich vereinbaren müssen (BGH, Urteil v. 07.04.04, Az. VIII ZR 167/03). Es genügt also nicht, nur zu vereinbaren, der Mieter zahle die sonstigen Betriebskosten.

## 54
## Eichfrist abgelaufen: Muss der Mieter dennoch zahlen?

*Mein Mieter verweigert die Nachzahlung von Wasserkosten. Sein Argument: Die Eichfrist des Wohnungswasserzählers sei abgelaufen und die Abrechnung der Kosten daher unwirksam. Hat er Recht?*

Richtig ist zwar, dass Sie als Vermieter oder Verwalter verpflichtet sind, Ihre Abrechnungen auf die Werte geeichter Zähler zu stützen. Die Eichfristen sind aber je nach Zählerart unterschiedlich. Die Verwendung ungeeichter Zähler ist unzulässig und kann sogar mit einem Bußgeld bis zu 10.000 € geahndet werden (§ 19 Gesetz über das Mess- und Eichwesen, (EichG)).

Das bedeutet jedoch nicht, dass Ihr Mieter aufgrund dieses Fehlers überhaupt keine Wasserkosten zu zahlen hätte. Vielmehr haben Sie die Möglichkeit nachzuweisen, dass der Zähler trotz abgelaufener Eichung die Werte richtig gemessen hat. Dann dürfen Sie die Messwerte Ihrer Abrechnung trotz abgelaufener Eichfrist zugrunde legen und der Mieter muss zahlen (BGH, Urteil v. 17.11.10, Az. VIII ZR 112/10).

Eine solche Befundprüfung führen die Eichbehörden sowie staatlich anerkannte Prüfstellen für Messgeräte durch. Die reinen Prüfkosten betragen je nach Nenndurchflussgröße zwischen ca. 15 und 120 €.

Bei beeinträchtigter Funktion des Messgeräts können Sie den Wasserverbrauch – falls vorhanden – anhand von Verbrauchsdaten der Vorjahre schätzen. Stehen Ihnen keine geeigneten Daten für eine Schätzung zur Verfügung, bleibt nur die Möglichkeit, die entstandenen Kosten der gesamten Immobilie nach Quadratmetern auf die einzelnen Mietparteien zu verteilen. Die so ermittelten Kosten darf der Mieter aber um 15% kürzen. Hier wird die Vorschrift des § 12 Abs. 1 Heizkostenverordnung (HeizkostenV), die sich zunächst auf den Wärme- und Warmwasserverbrauch bezieht, analog angewandt (BGH, Beschluss v. 13.03.12, Az. VIII ZR 218/11).

## 55
## Kalte und warme Betriebskosten: Darf ich einheitlich abrechnen?

*Ich habe ein Mietshaus erworben. Der vorige Vermieter hat über die Heiz- und Betriebskosten immer getrennt abgerechnet, Heizkosten im Sommer, übrige Betriebskosten nach der Jahreswende. War das überhaupt zulässig? Muss ich das so weitermachen oder darf ich über alle Kosten einheitlich am Ende eines Kalenderjahres abrechnen?*

Prinzipiell ist es zulässig, über die Heiz- und Warmwasserkosten und über die übrigen Betriebskosten separate Abrechnungen zu unterschiedlichen Zeitpunkten zu erstellen. Voraussetzung ist aber, dass die Mieter auch 2 separate Vorauszahlungsbeträge leisten. Im Mietvertrag müssten also getrennte Beträge für die „warmen“ und die „kalten“ Betriebskosten ausgewiesen sein.

Außerdem darf der Abrechnungszeitraum natürlich auch bei getrennter Abrechnung für jede Betriebskostenart nur 1 Jahr betragen. Falls im Mietvertrag hierzu nicht ausdrücklich etwas anderes vereinbart ist, können Sie die Abrechnungen in Zukunft in einer Gesamt-Jahresabrechnung zusammenfassen. Welchen Abrechnungszeitraum Sie wählen, können Sie dabei frei entscheiden. Es kann das Kalenderjahr sein, aber auch der bisher für die Heizkostenabrechnung praktizierte Jahreszeitraum oder ein anderer 12-Monats-Zeitraum, der Ihnen günstig erscheint.

Denn der BGH hat klipp und klar entschieden, dass eine Gesamt-Jahresabrechnung für den Zeitraum vom 01.01. bis 31.12. auch dann zulässig ist, wenn die Verbrauchserfassung für Heizung und Warmwasser durch ein beauftragtes Unternehmen immer für den Zeitraum vom 01.08. bis 31.07. erfolgt (Urteil v. 30.04.08, Az. VIII ZR 181/07) läuft. Sie dürfen also die komplette Heizkostenabrechnung in Ihre Jahresabrechnung aufnehmen und sind nicht verpflichtet, sie per Schätzung oder mithilfe einer zusätzlichen Verbrauchserfassung auf das Kalenderjahr umzurechnen. Sinnvoll ist es, Ihre Mieter rechtzeitig vor der Umstellung der Abrechnung zu informieren.

**Ihr Vorteil:** Ermitteln Sie die auf das abzurechnende Kalenderjahr entfallenden Betriebskosten aus kalenderübergreifenden Rechnungen des Versorgers, brauchen Sie die insoweit erforderlichen Zwischenschritte dem Mieter nicht offenlegen (BGH, Urteil vom 02.04.14, Az. VIII ZR 201/13).

## 56
## Muss ich ein Betriebskostenguthaben meines Mieters verzinsen?

*In diesem Jahr haben meine Mieter die Betriebskostenabrechnung erst kurz vor Jahresende erhalten. In den Jahren zuvor hatte ich immer schon im Frühjahr die Abrechnung fertig. Einer der Mieter, der eine Rückzahlung erhält, verlangt nun, dass ich ihm wegen der Verzögerung 5% Zinsen zahle. Muss ich das?*

Nein, ein Zinsanspruch des Mieters besteht nicht. Es ist ganz allein Ihre Sache, wann innerhalb der Abrechnungsfrist Sie Ihre Abrechnung erstellen. Den vom Gesetz vorgegebenen Jahreszeitraum für Ihre Abrechnung dürfen Sie ausschöpfen, auch wenn Sie das in früheren Jahren nicht getan haben.

Ein Guthaben des Mieters brauchen Sie nicht zu verzinsen, dies kann Ihr Mieter nicht verlangen. Einen Zinsanspruch hat Ihr Mieter erst, wenn Sie abgerechnet haben und der Mieter Ihnen für die Auszahlung des errechneten Guthabens eine Frist gesetzt hat. Nur wenn der Mieter dann innerhalb der Frist sein Guthaben nicht erhält, befinden Sie sich im Verzug und der Mieter könnte von Ihnen die gesetzlichen Verzugszinsen verlangen. Der Verzugszinssatz beträgt aber auch nicht generell 5%, sondern lediglich 5% über dem jeweiligen Basiszinssatz (§ 288 BGB) – es sei denn, Ihr Mieter würde Ihnen einen höheren Zinsschaden konkret nachweisen. Da der von der Deutschen Bundesbank halbjährlich ermittelte Basiszinssatz seit dem 1. Januar 2016 bei minus 0,83% liegt, müssten Sie derzeit bei Verzug den Guthabenbetrag lediglich mit 4,17% verzinsen.

**Ihr Vorteil:** Selbst wenn Sie Ihre Abrechnung verspätet, also nach Ablauf der einjährigen Abrechnungsfrist erstellen, darf der Mieter keine Zinsen für sein Betriebskostenguthaben verlangen (BGH, Urteil v. 05.12.12, Az. XII ZR 44/11).

## 57
## Darf mein Mieter wegen hoher Heizkosten die Miete mindern und Betriebskosten kürzen?

*Die Heizung in meinem Mietshaus ist etwa 20 Jahre alt, funktioniert aber noch. Mein Mieter behauptet, weil sie unwirtschaftlich arbeite, sei dies ein Mietmangel und er dürfe die Miete kürzen. Aus demselben Grund behält er einen Teil meiner Betriebskostennachforderung ein. Was kann ich tun?*

Eine alte Heizung ist kein Mietmangel. Der BGH hat klargestellt, dass Mieter nicht wegen unwirtschaftlicher aber funktionstüchtiger Heizungen mindern dürfen (Urteil v. 18.12.13, Az. XII ZR 80/122). Ebenso wenig kann der Mieter verlangen, dass der Vermieter eine alte, aber noch funktionsfähige Heizungsanlage modernisiert (BGH, Urteil v. 14.09.11, Az. VIII ZR 10/11).

Ihr Mieter darf auch Ihre Heizkostenabrechnung deshalb nicht kürzen. Insbesondere kann er sich nicht auf eine Verletzung des Wirtschaftlichkeitsgrundsatzes berufen. Auch hierzu haben sich die BGH-Richter bereits geäußert: Das Weiterbetreiben einer alten Heizung verstößt nicht gegen den Grundsatz der Wirtschaftlichkeit (Urteil v. 31.10.07, Az. VIII ZR 261/06).

## 58
## Darf ich „wohnungsspezifische" Betriebskosten in meiner Abrechnung einfach an den Mieter weiterreichen?

*Darf ich den Grundsteuerbescheid direkt an den Mieter weiterleiten oder muss ich die entsprechenden Kosten in meine Betriebskostenabrechnung aufnehmen?*

Vom Mieter zu zahlenden Betriebskosten, die von einem Dritten speziell für die einzelne Wohnung erhoben werden, dürfen Sie in der Betriebskostenabrechnung einfach an ihn weiterleiten. Der Aufwand, diese Kosten in der Abrechnung extra auszuweisen, entfällt damit (BGH, Urteil v. 17.04.13, Az. VIII ZR 252/12).

Sie können also die Grundsteuer ohne weitere Rechenoperationen in die Abrechnung übernehmen. Es ist nicht erforderlich, einen gesetzlichen oder vertraglichen Umlageschlüssel anzuwenden, da es bei direkt zuordnungsfähigen Kosten schlicht nichts „umzulegen" gibt.

**Ihr Vorteil:** Dieses Urteil gilt auch für alle sonstigen Kosten, die speziell für eine Wohnung erhoben werden. Daher dürfen Sie etwa auch Kabel oder Müllgebühren einfach zusammen mit Ihrer Abrechnung an den Mieter weiterleiten, wie es auch bei den Heizkosten meist geschieht. Es ist also nicht erforderlich, dass Sie die Kosten in Ihre Abrechnung aufnehmen und darin ausweisen.

## 59
## Nachträgliche Grundsteuererhöhung: Muss mein ausgezogener Mieter noch zahlen?

*Für mein Mietshaus wurde jetzt rückwirkend ab 2014 die Grundsteuer erhöht. Kann ich die Kosten meinen Mietern noch in Rechnung stellen? Einer meiner damaligen Mieter ist inzwischen ausgezogen. Muss dieser auch noch zahlen?*

Ja, obwohl die 1-jährige Abrechnungsfrist für Ihre Betriebskosten des Jahres 2014 bereits abgelaufen ist, dürfen Sie die erhöhte Grundsteuer Ihren Mietern noch rückwirkend berechnen. Der Grund: Eine frühere Abrechnung der korrekten Grundsteuer war Ihnen gar nicht möglich gewesen, da Sie selbst erst jetzt die Erhöhung in Rechnung gestellt bekommen haben. Die Juristen sprechen von einem „Abrechnungshindernis, das der Vermieter nicht zu vertreten hat". Und in diesem Fall dürfen Sie die 1-jährige Abrechnungsfrist ausdrücklich überschreiten (§ 556 Abs. 3 S. 3 BGB).

Allerdings müssen Sie sich beeilen: Der Bundesgerichtshof hat schon vor einigen Jahren darauf hingewiesen, dass Vermieter sich mit einer Nachberechnung von Betriebskosten nicht unbegrenzt Zeit lassen dürfen. Vielmehr müssen Sie nun innerhalb von 3 Monaten gegenüber Ihren Mietern abrechnen, gerechnet von dem Tag, an dem Ihnen der Grundsteuerbescheid zugegangen ist (BGH, Urteil v. 05.07.06, Az. VIII ZR 220/05).

Hinsichtlich des ausgezogenen Mieters bestehen keine Besonderheiten. Auch er muss seinen Anteil an den nachträglich gestiegenen Grundsteuern tragen. Sie können sich hierzu auf eine Entscheidung des Landgerichts Rostock berufen (LG Rostock, Urteil v. 27.02.09, Az. 1 S 200/08). Danach ist eine nachträgliche Abrechnung auch gegenüber bereits ausgezogenen Mietern zumindest noch für die letzten 3 Jahre zulässig.

## 60
## Was kann ich tun, wenn mein Mieter die Zählerablesung nicht ermöglicht?

*Ende des Jahres wollte ich in der Wohnung meines Mieters die Wasseruhr und die Wärmemessgeräte ablesen. Eine Terminvereinbarung gelang jedoch nicht, weil der Mieter jeden meiner Terminvorschläge mit der Begründung abgelehnt hat, er sei beruflich viel unterwegs. Was kann ich tun?*

Da Sie nach der Heizkostenverordnung (HeizKV) verpflichtet sind, den Verbrauch Ihres Mieters an Wärme und Warmwasser zu erfassen, muss Ihnen Ihr Mieter das Betreten der Räume zum Zweck der Ablesung auch gestatten. Gleiches gilt für die Ablesung der Wasseruhr, sofern Sie die Umlage der Kaltwasserkosten mit Ihrem Mieter vereinbart haben.

Wichtig ist, dass Sie den Ablesetermin Ihrem Mieter rechtzeitig vorher ankündigen, sodass er sich darauf einstellen kann. Im Allgemeinen gilt eine Ankündigungsfrist von etwa 2 Wochen als rechtzeitig. Ist der Mieter aus beruflichen Gründen zu den üblichen Geschäftszeiten nicht zu erreichen, müssen Sie darauf Rücksicht nehmen und ihm auch Termine am Abend oder an einem Samstag anbieten. Ist der Mieter über einen längeren Zeitraum verhindert, muss er Ihnen auf anderem Weg die Ablesung ermöglichen – sei es durch Hinterlegung der Schlüssel oder Zuhilfenahme einer Vertrauensperson, die Ihnen den Zugang zur Wohnung ermöglicht. Weisen Sie den Mieter auf diese Möglichkeit hin, wenn Sie ihm einen weiteren Ablesetermin nennen.

Keinesfalls dürfen Sie sich ohne Einverständnis des Mieters selbst Zutritt zu den Räumen verschaffen, etwa wenn ein Ersatzschlüssel für den Notfall beim Hausmeister hinterlegt ist – was übrigens auch nur mit Wissen und Zustimmung des Mieters zulässig ist!

Sollte der Mieter zu einer Kooperation weiterhin nicht bereit sein, haben Sie 2 Möglichkeiten:

- Verklagen Sie den Mieter bei Gericht auf Duldung der Ablesung, oder
- schätzen Sie den Verbrauch und erstellen Sie auf dieser Grundlage die Abrechnung (§ 9a HeizkV).

Für die Schätzung können Sie anknüpfen an den Verbrauch der betreffenden oder vergleichbaren Räume im Vorjahreszeitraum. Anknüpfungspunkt kann auch der Durchschnittsverbrauch des Gebäudes oder der Nutzergruppen sein, der dann zur Größe und Zahl der Bewohner der betreffenden Mietwohnung ins Verhältnis gesetzt wird.

**Ihr Vorteil:** Für die formelle Ordnungsgemäßheit einer Betriebskostenabrechnung ist es ohne Bedeutung, ob die dort für den jeweiligen Mieter angesetzten Kosten auf abgelesenen Messwerten oder einer Schätzung beruhen und ob eine eventuell vom Vermieter vorgenommene Schätzung den gesetzlichen Anforderungen entspricht. Dem Mieter erläutern brauchen Sie die angesetzten Kosten also nicht (BGH, Urteil v. 12.11.14, Az. VIII ZR 112/14).

## 61
## Gekaufte Mietwohnung: Wer muss die Betriebskosten abrechnen?

*Im Oktober 2014 habe ich mit notariellem Kaufvertrag eine Mietwohnung gekauft, die Auflassungsvormerkung wurde am 28.12.2014 eingetragen, als Eigentümer stehe ich im Grundbuch seit dem 12.02.2015. Mein „gekaufter" Mieter hat mich jetzt aufgefordert, ihm seine Betriebskostenabrechnungen für 2014 und 2015 zu erstellen. Muss ich das tun?*

Die Frage richtet sich danach, ob der Eigentümerwechsel im Laufe der Abrechnungsperiode erfolgt ist. Denn als Eigentümer haben Sie in vollem Umfang die Rechte und Pflichten des bisherigen Vermieters übernommen (§ 566 BGB = „Kauf bricht nicht Miete"). Maßgeblich hierfür ist der Zeitpunkt, zu dem Sie als Eigentümer im Grundbuch eingetragen wurden. Auf das Datum des Kaufvertrags und auf den Eintrag der Vormerkung kommt es nicht an.

Da Sie 2014 noch nicht Eigentümer der Mietwohnung waren, ist Ihr Verkäufer – der bisherige Vermieter – also in der Pflicht, dem Mieter gegenüber die Betriebskosten für dieses Jahr abzurechnen. Da er dies offenbar noch nicht getan hat, wird er wegen Versäumung der 1-jährigen Abrechnungsfrist von Ihrem Mieter keine Nachzahlung mehr verlangen können (§ 556 Abs. 3 BGB).

Anders sieht es für 2015 aus: Obwohl Sie nicht das volle Jahr Eigentümer gewesen sind, haben dennoch Sie allein für diese Abrechnungsperiode abzurechnen. Das gilt auch, wenn nicht Sie, sondern Ihr Verkäufer die Vorauszahlungen bis zu Ihrer Eintragung im Grundbuch vereinnahmt haben sollte.

Falls Sie nicht im Besitz aller Abrechnungsbelege für 2015 sind, hat der bisherige Vermieter sie Ihnen herauszugeben – auch ohne Vereinbarung im Kaufvertrag. Die Herausgabe könnten Sie notfalls einklagen und müssten dies auch tun – denn Ihr Mieter dürfte ab dem 01.01.2017 die Abrechnung einklagen: Und zwar von Ihnen!

## 62
## Wann genau endet die Einwendungsfrist des Mieters gegen meine Betriebskostenabrechnung?

*Meine Mieter haben die Betriebskostenabrechnung 2014 von mir am 12.03.2015 erhalten. Einer der Mieter hat die daraus resultierende Nachzahlung bis heute nicht beglichen. Und erst jetzt, am 26.03.2016 erhebt er Einwendungen gegen die Richtigkeit der Abrechnung. Muss ich die überhaupt noch berücksichtigen? Die Einwendungsfrist des Mieters ist doch bereits abgelaufen.*

Die Einwendungen Ihres Mieters gegen die Betriebskostenabrechnung müssen Sie leider noch berücksichtigen. Der Mieter hat sie gerade noch rechtzeitig erhoben. Im alltäglichen Sprachgebrauch wird oft gesagt, der Mieter habe 1 Jahr Zeit, um seine Einwendungen gegen die Abrechnung vorzubringen. Dies ist aber eine verkürzte und damit ungenaue Beschreibung. Und die kommt in Ihrem Fall zum Tragen.

Geregelt ist die Einwendungsfrist des Mieters in § 556 Absatz 3 BGB. In der entsprechenden Vorschrift heißt es wörtlich: „Einwendungen gegen die Abrechnung hat der Mieter dem Vermieter spätestens bis zum Ablauf des 12. Monats nach Zugang der Abrechnung mitzuteilen."

Die Frist endet also nicht exakt 1 Jahr nach Zustellung Ihrer Betriebskostenabrechnung, sondern erst am Ende des Monats. Da Ihre Abrechnung am 12.03.2015 zugegangen ist, konnte Ihr Mieter noch bis zum 31.03.2016 seine Einwendungen erheben.

**Übrigens:** Die Einwendungsfrist kann sich noch verlängern, wenn der Mieter unverschuldet an der rechtzeitigen Geltendmachung seiner Einwendungen gehindert war, beispielsweise durch eine plötzliche lang andauernde Krankheit oder eine verweigerte Einsicht in Abrechnungsunterlagen (§ 556 Abs. 3 BGB).

## 63
## Ist meine Vereinbarung zur Betriebskostenumlage im Mietvertrag wirksam?

*Im Jahr 2011 habe ich eine Wohnung vermietet. Der Vertrag enthält die Klausel: „Der Mieter trägt die Betriebskosten gemäß § 27 II. BV." Vereinbart ist eine monatliche Vorauszahlung auf die Betriebskosten in Höhe von 160 €. Nun behauptet der Mieter, diese Vereinbarung sei unwirksam. Deshalb weigert er sich, meine Nachforderung für 2015 auszugleichen, und will in Zukunft auch keine Vorauszahlungen mehr leisten. Darf er das?*

Ja und nein. Ihr Mieter hat teilweise Recht. Ihnen ist das Missgeschick passiert, ein veraltetes Vertragsformular für Ihren Mietvertragsabschluss zu verwenden.

Die Zweite Berechnungsverordnung (II. BV), auf die in Ihrem Mietvertrag Bezug genommen wird, war nur bis zum 31.12.2003 gültig. Seitdem gilt die Betriebskostenverordnung (BetrKV).

In Ihrem im Jahr 2011 abgeschlossenen Vertrag hätten Sie deshalb hinsichtlich der Betriebskostenumlage auf die BetrKV oder § 2 der BetrKV verweisen müssen. Die Bezugnahme auf die zum damaligen Zeitpunkt schon nicht mehr gültige Berechnungsverordnung macht Ihre Umlagevereinbarung leider unwirksam.

Daraus folgt: Die pro Jahr tatsächlich angefallenen Betriebskosten dürfen Sie im Rahmen einer Abrechnung nicht auf den Mieter umlegen – ohne wirksame Vereinbarung keine Betriebskostenumlage. Ihr Mieter lehnt die Begleichung Ihrer auf der Abrechnung 2014 beruhenden Nachforderung zu Recht ab.

Allerdings: Den vereinbarten Betrag von 160 € monatlich muss er gleichwohl auch in Zukunft zahlen – zwar nicht mehr als Vorauszahlung, über die abgerechnet wird, aber als feste Betriebskostenpauschale. Denn durch die im Mietvertrag getroffene Vereinbarung war dem Mieter von vornherein klar, dass er neben der Nettomiete einen gesonderten Geldbetrag für Betriebskosten schuldet.

**Vorsicht auch vor diesem Fehler:** Viele Muster-Mietverträge enthalten die Klausel: „In der Miete sind die Betriebskosten enthalten/nicht enthalten". Hier ist das durch Ausstreichen des Gewünschten zu verdeutlichen, welche der beiden Alternativen vereinbart sein soll. Wenn eine solche Kennzeichnung versehentlich unterbleibt oder nicht eindeutig ist, schuldet der Mieter keine Betriebskosten (LG Berlin, Urteil v. 26.01.15, Az. 67 S 241/14).

## 64
## Funkmessgeräte – darf ich die Mietkosten auf meine Mieter umlegen?

*Ich möchte meine Wohnungen mit Funkmessgeräten zur Verbrauchserfassung von Wärme und Wasser ausstatten. Die Geräte will ich aber nicht kaufen, sondern nur mieten. Kann ich die Mietkosten auf die Mieter umlegen?*

Voraussetzung einer Kostenumlage ist zunächst, dass Sie die Umlage der Betriebskostenpositionen Heizung und Wasser im Mietvertrag vereinbart haben.

Wollen Sie eine Ausstattung zur Verbrauchserfassung mieten, können Sie Ihre Mieter nur dann im Rahmen der Betriebskostenabrechnung mit den Mietkosten belasten, wenn Sie vor der Installation dieser Geräte das Verfahren des § 4 Abs. 2 Heizkostenverordnung (HeizKV) eingehalten haben. Dieses Verfahren ist leider noch nicht bei allen Vermietern und Verwaltern bekannt.

§ 4 Abs. 2 HeizKV besagt Folgendes: Bevor Sie die Messgeräte anmieten und installieren, haben Sie Ihre Mieter darauf hinzuweisen, dass Sie Messgeräte zur Verbrauchserfassung anmieten möchten. In dieser Mitteilung sind die Mieter über die hierdurch entstehenden Mietkosten zu informieren. Eine Form für diese Mitteilung schreibt das Gesetz zwar nicht vor, aber schon aus Beweisgründen ist es sinnvoll, dass Sie jeden einzelnen Mieter schriftlich informieren. Achtung: Ein Aushang im Treppenhaus genügt nicht.

Widerspricht die Mehrheit der Nutzer innerhalb eines Monats nach Zugang Ihrer Mitteilung der Anmietung der Geräte, ist die Anmietung unzulässig. Dann bleibt Ihnen nur die Möglichkeit, die Messgeräte zu kaufen und die

Anschaffungskosten ggf. im Rahmen einer Modernisierungsmieterhöhung den Mietern in Rechnung zu stellen. Mietkosten jedenfalls dürfen Sie dann nicht auf Ihre Mieter umlegen.

Das Gleiche gilt, wenn Sie es versäumt haben, die Mieter rechtzeitig vorher zu informieren. Auch dann bleiben Sie auf den Mietkosten sitzen.

Wichtig zu wissen: Den Einbau der Geräte können Ihre Mieter nicht verhindern, sondern müssen ihn in jedem Fall dulden. Das Widerspruchsrecht betrifft nur die Mietkosten (BGH, Urteil v. 28.09.11, Az. VIII ZR 326/10).

## 65
## Umsatzsteuer auf Betriebskosten?

*Mein Gewerbemieter zahlt auf seine Miete Umsatzsteuer. Für die Betriebskosten haben wir dies im Mietvertrag allerdings nicht ausdrücklich vereinbart. Muss mein Mieter dennoch auf die Betriebskosten Umsatzsteuer zahlen? Habe ich diese extra auszuweisen?*

Ist wie in Ihrem Fall nur die Miete der Umsatzsteuer unterworfen, gehen die Gerichte im Wege der sogenannten „ergänzenden Vertragsauslegung“ (§ 133 BGB) davon aus, dass der Mieter auch auf die Betriebskosten Umsatzsteuer zahlen muss. Voraussetzung ist freilich, dass der Vermieter hierfür selbst hat Umsatzsteuer entrichten müssen (so zum Beispiel OLG Schleswig, Urteil v. 17.11.00, Az. 4 U 146/99).

Spiegelbildlich zu dieser Pflicht des Mieters, Umsatzsteuer zu zahlen, hat er das Recht, eine Betriebskostenabrechnung zu fordern, in der die Umsatzsteuer separat ausgewiesen ist. Diese Abrechnung benötigt er, um am Vorsteuerabzug teilnehmen zu können. Bis er eine auch insoweit korrekte Abrechnung erhalten hat, darf er eine Betriebskostennachforderung zurückhalten.

## 66
## Wann ist meine Nachforderung fällig?

*Mein Mieter hat die Nachforderung aus der letzten Betriebskostenabrechnung noch nicht gezahlt. Wann ist er hierzu eigentlich verpflichtet?*

Die Nachforderung aus einer Betriebskostenabrechnung wird mit ihrem Zugang beim Mieter fällig (BGH, Urteil v. 08.03.06, Az. VIII ZR 78/05). Ab diesem Zeitpunkt schuldet der Mieter Ihnen die Nachzahlung. Sie können dem Mieter aber auch mehr Zeit geben und die Fälligkeit selbst bestimmen. Üblich ist etwa unter die Abrechnung zu schreiben, dass die Nachzahlung 14 Tage nach Zugang der Abrechnung fällig wird.

# Mieterhöhung

## 67
## Darf ich die Miete auf Ortsniveau erhöhen?

*Seit Mietbeginn habe ich keine Mieterhöhung vorgenommen. Nun habe ich erfahren, dass die Mieten bei uns am Ort gestiegen sind. Darf ich jetzt die Miete erhöhen?*

Nach dem Gesetz dürfen Sie von Ihrem Mieter die Zustimmung zu einer Mieterhöhung auf das Ortsniveau verlangen (§ 558 BGB). Die ortsübliche Miete für vergleichbare Wohnungen können Sie anhand eines Mietspiegels ermitteln oder durch Vergleichswohnungen.

Dabei dürfen Sie Ihre Miete auch dann erhöhen, wenn sich die ortsübliche Vergleichsmiete seit Mietbeginn nicht verändert hat, Ihre Miete also schon seither unterhalb der ortsüblichen Vergleichsmiete liegt (BGH, Urteil v. 20.06.07, Az. VIII ZR 303/06)

Ebenfalls dürfen Sie Ihre Miete erhöhen, wenn Ihre Miete bisher schon innerhalb der Spanne liegt, die der Mietspiegel für Ihre Wohnung als ortsüblich ausweist. Eine Mieterhöhung vom unteren zum oberen Bereich innerhalb einer Mietspiegelspanne dürfen Sie also verlangen (BGH, Urteil v. 06.07.05, Az. VIII ZR 322/04).

**Ihr Vorteil:** Den betreffenden Mietspiegel brauchen Sie Ihrem Mieterhöhungsverlangen nicht beifügen (BGH, Urteil v. 30.09.09, Az. VIII ZR 276/08).

**Tipp:** Wenn Ihnen kein Mietspiegel zur Verfügung steht, haben Sie auf Vergleichswohnungen zurückzugreifen. In diesem Fall machen Sie Ihre Mieterhöhung sicherer, wenn Sie mehr als die gesetzlich nur vorgeschriebenen drei Wohnungen dem Mieter angeben, am besten mindestens fünf. Dies ist zulässig (BGH, Urteil v. 28.03.12, Az. VIII ZR 79/11).

## 68
## Falsche Frist bei Mieterhöhung – was kann ich tun?

*Ich habe meinen Mieter am 12.11.2015 schriftlich unter Nennung von 3 Vergleichswohnungen um Zustimmung zur Mieterhöhung gebeten. Dabei habe ich versehentlich geschrieben: „Die neue Miete gilt ab dem 01.01.2016." Aus diesem Grund will der Mieter nicht zustimmen. Was kann ich tun?*

Sie haben in Ihrem Mieterhöhungsschreiben den Zeitpunkt, zu dem die Mieterhöhung wirksam wird, falsch berechnet. Gemäß § 558b Abs. 1 BGB schuldet der Mieter die erhöhte Miete „mit Beginn des 3. Kalendermonats nach dem Zugang des Erhöhungsverlangens." Das war bei Ihnen der 01.02.2016.

Die Angabe des falschen Datums macht Ihr Mieterhöhungsverlangen jedoch nicht unwirksam. Sie brauchen in Ihrem Mieterhöhungsverlangen überhaupt kein Datum zu nennen, denn der Wirksamkeitszeitpunkt ist in dem genannten Paragrafen gesetzlich geregelt. Eine irrtümlich falsche Angabe schadet nicht. Der Mieter hat die Möglichkeit, Ihrer Mieterhöhung „ab dem 01.02.2015" zuzustimmen. Am besten weisen Sie ihn darauf hin. Sollte er dennoch nicht zustimmen, können Sie innerhalb von 3 Monaten, also bis zum 30.04., auf Zustimmung klagen.

Auch wenn Sie einen späteren Wirksamkeitszeitpunkt angeben, als es das Gesetz vorsieht, ist Ihre Mieterhöhungserklärung wirksam. Allerdings gilt dann zugunsten des Mieters der spätere Zeitpunkt anstelle der gesetzlichen Regelung (BGH, Urteil v. 25.09.13, Az. VIII ZR 280/12).

## 69
## Wie berücksichtige ich den Modernisierungszuschlag bei der Mieterhöhung?

*Mein Mieter zahlt seit Mietbeginn eine Nettomiete von 620 € und daneben eine Betriebskostenvorauszahlung von 120 €. Wegen einer Modernisierung zahlt er außerdem seit dem 01.11.2013 einen Modernisierungszuschlag von 90 €. Die ortsübliche Vergleichsmiete beträgt inzwischen 740 €, sodass ich gern die Miete erhöhen möchte. Die Kappungsgrenze beträgt 15%. Wie rechne ich?*

Sie dürfen die Miete gemäß § 558 Abs. 1 BGB maximal bis zur ortsüblichen Vergleichsmiete, also bis 740 € anheben. Der Modernisierungszuschlag zählt dabei zur Nettomiete dazu, auch wenn Sie ihn bisher separat ausweisen. Eine Mieterhöhung kommt in Ihrem Fall also maximal um 30 € in Betracht, nämlich von 710 € (610 € + 90 € Modernisierungszuschlag) auf 740 €. Ob diese Mieterhöhung tatsächlich gerechtfertigt ist, ist nun noch gemäß § 558 Abs. 3 BGB unter Berücksichtigung der Kappungsgrenze zu prüfen.

Bei der Berechnung der Kappungsgrenze ist entscheidend, welche Miete 3 Jahre vor Wirksamwerden der jetzigen Mieterhöhung vom Mieter zu zahlen war. Später erfolgte Modernisierungsmieterhöhungen bleiben nach der ausdrücklichen gesetzlichen Regelung unberücksichtigt.

So ist es bei Ihnen. Eine Mieterhöhung im Juni 2016 kann – die Zustimmung des Mieters vorausgesetzt – zum 01.09.2015 wirksam werden. 3 Jahre zuvor, am 01.09.2013, betrug die Miete 620 €. Ausgehend hiervon, beträgt die Kappungsgrenze zwar nur 713 € (620 € + 15%). Der später erfolgte Modernisierungszuschlag darf aber hinzugerechnet werden, sodass in Ihrem Fall die Kappungsgrenze erst bei 803 € liegt. Einer Mieterhöhung auf die ortsübliche Vergleichsmiete von 740 € steht also nichts im Wege.

## 70
## Mein Mieter stimmt der Mieterhöhung nur teilweise zu – was nun?

*In meinem Mieterhöhungsschreiben bat ich um Zustimmung zu einer Mieterhöhung von 750 € auf 860 €, also knapp 15%. Die Kappungsgrenze beträgt bei uns 20%. Begründet habe ich die Mieterhöhung mit 3 Vergleichswohnungen. Der Mieter hat unter Heranziehung eines Internet-„Mietspiegels" einer Immobilienbörse lediglich einer Erhöhung auf 820 € zugestimmt. Wie reagiere ich?*

Eins vorweg: Was im Internet unter dem Stichwort „Mietspiegel" angeboten wird, sind häufig Datensammlungen von Immobilienportalen, die lediglich zusammenfassen, zu welchen Preisen Immobilien in ihrem Portal angeboten wurden. Es handelt sich nicht um Mietspiegel, die in §§ 558a ff. BGB zur Begründung einer Mieterhöhung zugelassen sind. Die dort veröffentlichten Werte geben daher keine verbindliche Auskunft über die ortsübliche Vergleichsmiete und über die in Ihrem Fall zulässige Miethöhe.

Sie haben daher 2 Möglichkeiten:

1. Sie können den Mieter gerichtlich auf Zustimmung zu einer Mieterhöhung auf 860 € verklagen. Hierbei besteht ein Prozessrisiko, da das Gericht seine Entscheidung nicht auf die 3 von Ihnen angegebenen Vergleichswohnungen stützen, sondern ein Sachverständigengutachten zur Bestimmung der ortsüblichen Vergleichsmiete einholen wird. Den Kostenvorschuss für dieses Gutachten müssen zunächst Sie zahlen. Bestätigt der Sachverständige den Betrag von 860 € als ortsüblich, gewinnen Sie den Prozess und Ihr Mieter muss die von Ihnen geforderte Miete sowie die Prozesskosten zahlen. Ermittelt der Sachverständige dagegen einen darunterliegenden Betrag als ortsüblich, bleiben

Sie am Ende auf einem Teil der Prozess- und somit auch der Gutachterkosten sitzen.

2. Sie können die Teilzustimmung Ihres Mieters akzeptieren. Dann ist die Mieterhöhung auf 820 € für den Mieter und für Sie verbindlich. Eine Zustimmung zu einer weiteren Mieterhöhung können Sie frühestens wieder nach 12 Monaten verlangen.

Die 2. Alternative ist die risikoärmere und sollte somit von Ihnen vorgezogen werden.

## 71
## Darf ich nach Ablauf der Staffelmiete die Miete wieder nach Gesetz erhöhen?

*Mit meinem Mieter habe ich einen Staffelmietvertrag vereinbart – seit Mietbeginn konnte ich bis 2011 alle 2 Jahre die monatliche Miete um 15 € erhöhen. Da die letzte Staffel zum 1.10.2014 in Kraft trat, frage ich mich, ob ich die Miete nun wegen gestiegenen Ortsniveaus erhöhen darf. Darf ich?*

Ja, wenn eine Staffelmietvereinbarung ausgelaufen ist, dürfen Sie die Miete wieder erhöhen – wegen einer gestiegenen ortsüblichen Vergleichsmiete oder wegen einer erfolgten Modernisierung. Nur während der Laufzeit einer Staffelmietvereinbarung sind die beiden besagten Mieterhöhungen gesetzlich untersagt (§ 557b Abs. 2 BGB).

Voraussetzung für die Mieterhöhung ist, dass die Miete zum Zeitpunkt ihrer Erhöhung 15 Monate unverändert war (§ 558 Abs. 1 BGB). Da ein Mieter die erhöhte Miete mit Beginn des dritten Monats nach Zugang Ihres

Mieterhöhungsverlangens zu zahlen hat (§ 558b BGB), dürfen Sie Ihre Mieterhöhung frühestens im Oktober 2015 an Ihren Mieter richten.

**Ihr Vorteil:** Trotz vorangegangener Staffelmieterhöhung brauchen Sie aber nicht die Kappungsgrenze zu berücksichtigen, wonach die Miete innerhalb von 3 Jahren um nicht mehr als 20% (mancherorts 15%) steigen darf (§ 558b Abs. 2 BGB).

## 72
## Nach Modernisierung: Wegen welcher Kosten darf ich die Miete erhöhen?

*In meiner vermieteten Wohnung wurden – nach erfolgter Ankündigung an den Mieter – Isolierglasfenster eingebaut. Nun möchte ich wie angekündigt die Miete erhöhen. Welche Kosten darf ich hierzu heranziehen?*

Haben Sie die Wohnung Ihres Mieters modernisiert, dürfen Sie anschließend die von Ihrem Mieter zu zahlende Miete erhöhen, 11% der Modernisierungskosten pro Jahr sind als Modernisierungszuschlag zulässig (§ 559 Abs. 1 BGB). Allerdings plant der Gesetzgeber eine Absenkung.

Generell gilt: Für Ihre Mieterhöhung dürfen Sie grundsätzlich alle Kosten heranziehen, die für die Modernisierung erforderlich waren (BGH, Urteil v. 17.12.08, Az. VIII ZR 41/08). Dies betrifft sowohl die reinen Baukosten als auch die Baunebenkosten (siehe Tabelle unten).

Haben Sie zeitgleich mit der Modernisierung Instandsetzungsarbeiten durchführen lassen, dürfen Sie die Instandsetzungskosten nicht berechnen. Das Gleiche gilt auch, wenn Sie durch die Modernisierung Kosten für eine fällige Instandsetzung erspart haben. Auch diese (fiktiven) ersparten Instandsetzungskosten haben Sie von den Modernisierungskosten abzuziehen (§ 559 Abs. 2 BGB).

In Ihrer Mieterhöhungserklärung brauchen Sie aber keine umfassende Vergleichsrechnung der (hypothetischen) Kosten einer einfachen Instandsetzung mitzuteilen. Vielmehr genügt es, wenn Sie den ersparten Instandsetzungsaufwand als Quote von den aufgewendeten Gesamtkosten darstellen (BGH, Urteil v. 17.12.14, Az. VIII ZR 88/13).

**Mieterhöhung: Für diese Modernisierungskosten zahlt Ihr Mieter**

| Kostenart | ja | nein |
|---|---|---|
| Material - und Lieferkosten | ✓ | |
| Lohnkosten | ✓ | |
| Gerüstkosten | ✓ | |
| Baugenehmigungsgebühren | ✓ | |
| Kosten der Einrichtung und Reinigung der Baustelle | ✓ | |
| Bauleistungen (Eigenleistung) des Vermieters | ✓ | |
| Verwaltungsaufwand des Vermieters | | ✓ |
| Aufwendungen, die Sie dem Mieter erstattet haben, beispielsweise für Reinigungs- und Aufräumarbeiten | ✓ | |
| Mietausfall wegen Mietminderung | | ✓ |
| Finanzierungs- oder Kapitalbeschaffungskosten | | ✓ |
| Instandsetzungskosten | | ✓ |
| Fiktive Kosten einer fälligen, aber durch die Modernisierung ersparten Instandsetzung | | ✓ |

# 73
# Mieterhöhung wegen unwirksamer Renovierungsklausel?

*Meine Renovierungsklausel kommt nicht zum Tragen, weil ich die Mietwohnung seinerzeit nicht selbst renoviert an den Mieter übergeben habe. Nun möchte ich wissen, ob ich zum Ausgleich wenigstens die Miete erhöhen darf?*

Ist eine Renovierungsklausel wie bei Ihnen unwirksam, führt kein Weg daran vorbei: Nach dem Gesetz sind die Schönheitsreparaturen Pflicht des Vermieters (§ 535 BGB). Doch es bleibt ein Hintertürchen: In 2 Fällen nämlich dürfen Sie sich durch eine Mieterhöhung einen finanziellen Ausgleich verschaffen.

Fall 1: Vermieten Sie eine Sozialwohnung, haben Sie Glück: Denn in diesem Fall dürfen Sie bei einer unwirksamen Renovierungsklausel die Miete einer mit öffentlichen Geldern geförderten Wohnung zum Ausgleich erhöhen (BGH, Urteil v. 24.03.10, Az. VIII ZR 177/09). Voraussetzung hierfür ist, dass der Mieter wegen der Unwirksamkeit der Klausel die Renovierung abgelehnt hat. Der Betrag der Mieterhöhung richtet sich nach § 28 Abs. 2 II. BV. Je nach Alter der Wohnung sind Erhöhungen von 0,59 € bis 0,90 € pro $m^2$ und Monat möglich.

**Achtung:** Diese Möglichkeit einer Mieterhöhung zum Ausgleich der von Ihnen zu leistenden Schönheitsreparaturen besteht aber nicht, wenn es sich um preisfreien, also öffentlich nicht geförderten Wohnraum handelt (BGH, Urteil v. 09.11.11, Az. VIII ZR 87/11).

Fall 2: Zahlt Ihr Mieter derzeit eine Miete, die noch unterhalb der ortsüblichen Vergleichsmiete liegt, können Sie die Unwirksamkeit der Schönheitsreparaturklausel zum Anlass nehmen, die Miete jetzt auf das ortsübliche Niveau anzuheben. Die Jahresfrist und die Kappungsgrenze müssen Sie dabei natürlich, wie bei jeder Mieterhöhung auf ortsübliches Niveau, beachten. Allerdings: Eine Mieterhöhung über die ortsübliche Miete ist Ihnen prinzipiell verwehrt (BGH, Urteil v. 09.07.08, Az. VIII ZR 181/07).

## 74
## Wie errechne ich die Kappungsgrenze bei einer Inklusivmiete?

*Ich habe vereinbart, dass die kalten Betriebskosten Bestandteil der Miete sind, um keine Betriebskostenabrechnung machen zu müssen. Nun möchte ich die Miete auf Ortsniveau erhöhen. Muss ich zur Berechnung der Kappungsgrenze die (fiktiven) Betriebskosten herausrechnen?*

Nein, diese Arbeit brauchen Sie sich nicht zu machen. Laut einem BGH-Grundsatzurteil ist bei vereinbarter Inklusivmiete die Kappungsgrenze ausgehend von dieser Inklusivmiete zu berechnen (BGH, Urteil v. 19.11.03, Az. VIII ZR 160/03).

Das ist für Sie besser, weil die mögliche Mieterhöhung damit für Sie ertragreicher ist: 20% Kappungsgrenze (bzw. wegen des Mietrechtsänderungsgesetzes künftig nur noch 15% in manchen Ballungsgebieten) auf die Inklusivmiete erlaubt eine höhere Mieterhöhung, als wenn hierfür von der niedrigeren, um die Betriebskosten bereinigte Miete auszugehen wäre.

## 75
## Gilt die Kappungsgrenze auch bei Vereinbarungen zur Miethöhe?

*Ich habe 2 Mieter, denen ich nach 7 Jahren erstmals die Miete erhöhen möchte. Mit dem einen Mieter habe ich mich auf eine Mieterhöhung um 25% schriftlich geeinigt. Da der andere Mieter hierzu nicht bereit war, habe ich ihm in gleicher Höhe ein Mieterhöhungsverlangen zur ortsüblichen Vergleichsmiete zugesandt. Beide Mieter haben nun eingewendet, dass die Mieterhöhung wegen der Kappungsgrenze unwirksam sei. Stimmt das?*

Das kommt darauf an. Die Kappungsgrenze legt fest, dass Sie die Miete innerhalb von 3 Jahren um nicht mehr als 20% erhöhen dürfen (§ 558 Abs. 3 BGB). Ausgenommen hiervon sind Erhöhungen der Betriebskosten und Modernisierungszuschläge. Dabei gilt die Obergrenze auch, wenn die Miete länger als 3 Jahre nicht erhöht wurde.

Das bedeutet für Ihren Fall: Ihr Mieterhöhungsverlangen verletzt die Kappungsgrenze, da es diese um 5% überschreitet. Dennoch ist Ihr Erhöhungsverlangen nicht insgesamt unwirksam, sondern nur in Höhe des übersteigenden Teils. Konkret: In Höhe von 20% muss Ihr Mieter der Mieterhöhung zustimmen und Sie können Ihre Miete der ortsüblichen Vergleichsmiete annähern. Darüber hinaus ist Ihnen eine weitere Erhöhung nicht jetzt, sondern erst wieder nach 3 Jahren gestattet.

Anders sieht es aus, wenn Sie eine Mieterhöhung mit Ihrem Mieter vereinbaren. Denn hier gilt die Kappungsgrenze ebenso wenig wie bei einer vereinbarten Staffelmiete oder wie im Fall einer Neuvermietung. Ihr Mieter muss Ihnen die um 25% erhöhte Miete also voll bezahlen.

## 76
## Wohnfläche ist erheblich größer als vereinbart – darf ich jetzt die Miete erhöhen?

*Bei mir hat sich herausgestellt, dass die vereinbarte Wohnfläche (91 m²) deutlich geringer ist als die tatsächliche Wohnfläche (117 m²). Kann ich jetzt die Miete erhöhen?*

Weicht die tatsächliche Wohnfläche von der vereinbarten ab, war bisher bei Abweichungen unter 10% die im Mietvertrag angegebene Wohnfläche maßgebend. Diese 10-%-Rechtsprechung hat der BGH für Mieterhöhungen aber aufgegeben. Nun ist bei einer Mieterhöhung immer die tatsächliche Wohnfläche zugrunde zu legen, egal welche Fläche im Mietvertrag angegeben wurde (BGH, Urteil v. 18.11.15, Az. VIII ZR 266/14).

In Ihrem Fall die geschuldete Miete also pro Quadratmeter geringer, da mehr Quadratmeter vermietet worden sind, als im Mietvertrag irrtümlich vereinbart worden ist.

Die Kappungsgrenze ermitteln Sie als Prozentsatz (20% bzw. 15%) von der ursprünglichen Miete. Unzulässig wäre es, zunächst die alte – zu niedrige – Quadratmeter-Miete bis zur ortsüblichen Vergleichsmiete anzuheben und sodann eine weitere Erhöhung auf die Überschreitung der vertraglich vereinbarten Wohnfläche zu stützen (BGH, a.a.O.).

# Mietminderung

## 77
## Ab wann und für wie lange darf mein Mieter die Miete mindern?

*Mein Mieter hat mir am 15.02. mitgeteilt, dass die Heizung bereits seit Ende Januar nur noch unzuverlässig funktioniert. Ich habe sofort einen Installateur kommen lassen, der inzwischen 2-mal erfolglos eine Reparatur versucht hat. Daraufhin habe ich mich zu einer Erneuerung der alten Heizung entschlossen und bereits erste Angebote eingeholt. Ende März hat der Mieter nun angekündigt, er wolle die Miete rückwirkend ab Ende Januar um 20% mindern. Die entsprechenden Beträge will er mit der Aprilmiete verrechnen. Darf er das, obwohl ich mich sofort um die Mängelbeseitigung gekümmert habe?*

Zunächst: Auch wenn Sie sich sofort um eine Mängelbeseitigung bemüht haben, darf der Mieter die Miete mindern. Das Mietminderungsrecht ist von einem Verschulden Ihrerseits völlig unabhängig.

Nach der Konzeption des Gesetzes ist die Mietminderung nämlich kein Druckmittel, um den untätigen Vermieter zur Mängelbeseitigung zu bewegen. Vielmehr ist eine mängelbehaftete Wohnung einfach weniger wert als eine mangelfreie. Mindern darf der Mieter daher prinzipiell für die Zeit, während der ein Mangel besteht (§ 536 Abs. 1 Satz 2 BGB).

Voraussetzung für eine Mietminderung ist allerdings, dass Sie über den Mangel informiert sind. Solange Sie von dem Mangel nichts wissen und daher auch keine Möglichkeit haben, diesen zu beseitigen, ist eine Minderung ausgeschlossen (§ 536c Abs. 2 Satz 2 BGB). Eine rückwirkende Mietminderung ist zulässig, sofern der Mieter sich eine Rückforderung vorbehalten hat. Entscheidend ist auch hier der Zeitpunkt Ihrer Mangelkenntnis.

Das bedeutet für Sie: Der Mangel war dem Mieter bereits Ende Januar bekannt. Hat er dennoch die Februar- und Märzmiete ohne Vorbehalt in voller Höhe gezahlt, darf er erst für den Monat April mindern, so lange, bis die Heizung wieder ordnungsgemäß funktioniert. Hat er sich bei der Mietzahlung bereits eine Minderung vorbehalten, darf er auch rückwirkend, allerdings nur bis zum Tag der Mängelanzeige am 14.02., die Miete kürzen.

## 78
## Minderung wegen fehlender Thermostatventile?

*Mein Mieter mindert seit kurzem die Miete, weil die Mietwohnung keine Thermostatventile hat. Ist das rechtens?*

Wenn Ihre Wohnung mit einer Zentral- oder Etagenheizung beheizt wird, wobei Wasser als Wärmeträger dient, haben Sie alle Heizkörper mit Thermostatventilen auszurüsten. Denn als Vermieter sind Sie verpflichtet, das Mögliche und Zumutbare dafür zu tun, dass die Heizungsanlage wirtschaftlich bedient werden kann. Und dies setzt vorhandene Thermostatventile voraus, da hierdurch der Energieverbrauch verringert werden kann.

Fehlen in Ihrer Mietwohnung danach erforderliche Thermostatventile, darf Ihr Mieter die Miete mindern. Die zulässige Höhe wird von den Gerichten im Einzelfall zwischen 5–15% der Miete inklusive Nebenkosten angesiedelt. Die Nachrüstung der Heizkörper Ihrer Mietwohnung mit Thermostaten liegt also in Ihrem eigenen Interesse.

## 79
## Wie weit reicht das Zurückbehaltungsrecht des Mieters?

*Die Fenster meiner Mietwohnung sind alt und zugig. Ich möchte sie erneuern, aber mir fehlt derzeit das Geld dazu. Mit einer Mietminderung von 5% bin ich einverstanden. Der Mieter zahlt aber seit Monaten nur 50% der Miete. Er beruft sich auf ein Zurückbehaltungsrecht. Darf er das?*

Grundsätzlich ist der Mieter berechtigt, über die Mietminderung hinaus Geld zurückzuhalten, um den Vermieter zu einer schnellen Mangelbeseitigung zu bewegen (§ 320 BGB). Im Allgemeinen wird das 3- bis 5-Fache der Minderungsquote für angemessen gehalten. Das wären – ausgehend von einer Minderung von 5% in Ihrem Fall – maximal 25% der Monatsmiete.

Der BGH hat erfreulicherweise klargestellt, dass der Mieter dieses Zurückbehaltungsrecht nur zeitlich begrenzt, für einige Monate ausüben darf. Der insgesamt einbehaltene Betrag muss noch in Relation zur Bedeutung des Mangels stehen (Urteil v. 17.06.15, Az. VIII ZR 19/14). Dem Mieter bleibt immer die Möglichkeit, die Mangelbeseitigung einzuklagen. Hält er unverhältnismäßig lange die Miete zurück, dürfen Sie ihm kündigen.

**Ihr Vorteil:** Sobald Sie den Mangel behoben haben, muss der Mieter die zurückgehaltenen Beträge unverzüglich vollständig ausgleichen – nicht jedoch die berechtigten Minderungsbeträge.

## 80
## Minderung wegen Lärm vom Bolzplatz?

*Mein Mieter mindert die Miete weil er sich von einem öffentlichen Bolzplatz gestört fühlt um 5%. Tatsächlich sind die Jugendlichen dort oft ganz schön laut, nur was kann ich dafür?*

Ob Sie etwas für die Beeinträchtigung Ihres Mieters können, hierauf also Einfluss haben, ist unerheblich für eine Mietminderung. Allerdings darf Ihr Mieter aus einem anderen Grund nicht mindern. Denn der BGH hat entschieden, dass Kinderlärm von Bolzplätzen hinzunehmen ist (Urteil v. 29.04.14, Az. VIII ZR 197/14). Weder dürfen Mieter deswegen die Miete mindern, noch haben Eigentümer einen Anspruch auf Entschädigung gegen die Stadt oder Kommune. Dies folgt aus § 22 Abs. 1a Bundesimmissionsschutzgesetz und gilt sogar dann, wenn der Mietvertrag bereits vor Inkrafttreten dieser gesetzlichen Regelung abgeschlossen wurde.

## 81
## Darf mein überempfindlicher Mieter die Miete mindern?

*Mein Mieter stört sich an allem – die Wohnung ist ihm zu hellhörig und zu kühl, in den Heizkörpern macht die Luft Geräusche ... und so weiter. Da er dann auch immer eine Mietminderung ankündigt, wüsste ich gerne, ob diese rechtmäßig ist. Denn andere Mieter beschweren sich über diese Sachen nie.*

Zeigt sich in den gemieteten Räumen ein Mangel, entsteht immer wieder Streit über die Höhe der Mietminderung. Entscheidend ist, in welchem Maß die Nutzbarkeit der Wohnung objektiv beeinträchtigt ist. Auf individuelle Umstände, die in der Person des Mieters begründet sind, kann er seine Mietkürzung nicht stützen.

Angenommen, Ihr Mieter reagiert allergisch auf Katzenhaare. Nun treten bei ihm Beschwerden auf, weil sich der Wohnungsnachbar eine Katze angeschafft hat. Die Wohnung des Mieters ist nach wie vor objektiv mangelfrei. Wegen seiner subjektiven Empfindlichkeit „Katzenhaarallergie" darf er die Miete nicht mindern (AG Bad Arolsen, Urteil v. 08.03.07, Az. 2 C 18/07). Ebenso darf ein Mieter nicht mindern, der sich in seinen religiösen Gefühlen durch eine Madonnenstatue im Treppenhaus beeinträchtigt fühlt, – denn eine solche Beeinträchtigung liegt objektiv nicht vor (AG Münster, Urteil v. 22.07.03, Az. 3 C 2122/03).

Ihr Mieter scheint ganz besonders lärmempfindlich zu sein. Auch hier scheidet eine Mietminderung aus, solange sich die störenden Geräusche im üblichen Rahmen halten und von einem „durchschnittlichen" Mieter nicht als störend empfunden würden. Die Lärmempfindlichkeit des Mieters geht also nicht zu Ihren Lasten als Vermieter (LG Heidelberg, Urteil v. 26.02.10, Az. 5 S 95/09).

Aus dem gleichen Grund darf ein Mieter wegen seiner Furcht vor Gesundheitsgefährdung durch „Elektrosmog" nicht die Miete mindern, wenn auf dem Dach des Mietshauses eine Funkantenne installiert wird (BGH, Urteil v. 24.01.14, Az. V ZR 48/13).

**Bitte beachten Sie:** Dass der Mietmangel objektiv zu bestimmen ist, kann sich in Einzelfällen jedoch auch zu Ihrem Nachteil auswirken. Kommt es beispielsweise durch Bauarbeiten im Treppenhaus zu Beeinträchtigungen, dürfen nicht nur die Mieter mindern, die unmittelbar betroffen sind. Auch ein Mieter, der sich in Urlaub befand und daher von den Beeinträchtigungen nichts mitbekommen hat, darf die Miete kürzen (LG Osnabrück, Urteil v. 10.10.03, Az. 12 S 488/03).

## 82
## Mein Mieter mindert rückwirkend – ist das zulässig?

*Mein Mieter hat mir Ende Juni mitgeteilt, dass die Warmwasserversorgung in der Wohnung bereits seit Mitte Mai nur noch unzuverlässig funktioniert. Immer wieder fällt sie aus. Da ich längere Zeit beruflich unterwegs war, konnte ich mich bisher nicht darum kümmern. Jetzt war mein Handwerker vor Ort, konnte die Ursache aber noch nicht finden. Mein Mieter hat bisher die Miete in voller Höhe weitergezahlt. Jetzt erklärt er, dass er rückwirkend ab Mai die Miete um 15% mindern und das Geld von der August-Miete abziehen wird. Darf er das?*

Ein solcher Fall kommt immer wieder vor: Mieter zeigen einen Mangel an, zahlen aber zunächst die Miete ungekürzt weiter, weil sie von einer baldigen Mängelbeseitigung ausgehen. Zieht sich die Mängelbeseitigung dann doch länger hin, wie in Ihrem Fall, möchten sie schließlich doch von ihrem Minderungsrecht Gebrauch machen. Eine solche Mietminderung, nicht nur für die Zukunft, sondern auch rückwirkend, ist prinzipiell zulässig. Allerdings maximal bis zu dem Zeitpunkt, zu dem Sie von dem Mangel erfahren haben. Das heißt: Die Warmwasserversorgung war zwar (angeblich) bereits seit Mitte Mai defekt. Hiervon haben Sie aber erst durch die Mängelanzeige Ende Juni erfahren. Deshalb darf der Mieter nur rückwirkend bis Ende Juni die Miete mindern.

Fällt die Warmwasserversorgung in der gesamten Wohnung immer wieder aus, ist die Minderung von 15% sicher angemessen. Ihr Mieter kann also von der August-Miete folgende Beträge einbehalten: 15% von der August-Miete, solange der Mangel noch nicht behoben ist, 15% von der Juli-Miete und 15% von 1/30 der Juni-Miete für jeden Tag im Juni seit der Mängelanzeige.

## 83
## Minderung ohne Mängelanzeige – darf ich kündigen?

*Einer unserer Mieter zahlt seit einigen Monaten die Miete nicht in voller Höhe. Nachdem der Rückstand 2 Monatsmieten überschritten hatte, habe ich ihm fristlos gekündigt. Daraufhin hat er erklärt, er habe die Miete wegen eines defekten Warmwasserboilers gemindert. Vor Ort habe ich mich davon überzeugt, dass der Boiler tatsächlich defekt ist und dessen Reparatur veranlasst. Nur was ist jetzt mit meiner Kündigung?*

Jeder Mieter ist verpflichtet, Mietmängel unverzüglich anzuzeigen – entweder dem Vermieter oder der ihn vertretenden Verwaltung (§ 536c BGB).

Tut er das nicht und vergrößert sich daraufhin der Mangel oder der hierdurch bedingte Schaden, haftet der Mieter Ihnen insoweit auf Schadensersatz. Außerdem darf ein Mieter aufgrund dieses Mangels nicht die Miete mindern.

Nach Meinung des BGH folgt hieraus, dass es rechtswidrig ist, wenn ein Mieter wegen eines nicht angezeigten Mangels die Miete teilweise einbehält. Deshalb darf dem betreffenden Mieter gekündigt werden – sogar fristlos, wenn der Zahlungsrückstand 2 Monatsmieten überschreitet (§ 543 Abs. 2 BGB). Und daraus ergibt sich: Beruft sich der Mieter erst im Nachhinein auf den Mangel, macht das seine Kündigung nicht unwirksam (BGH, Urteil v. 03.11.10, Az. VIII ZR 330/09).

Wenn Sie an Ihrer Kündigung festhalten möchten, haben Sie das Recht auf Ihrer Seite – gegen diese Kündigung wird der Mieter nichts ausrichten können.

## 84
## Darf der Mieter auch nach Mietende noch mindern?

*Ich habe einem Mieter zum 01.09.2015 gekündigt, er zog jedoch erst am 30.04.2016 aus. Seit Oktober hatte er die Miete wegen eines übel riechenden Abflusses um 15% gemindert. Diese Minderung behielt er bis zu seinem Auszug bei, ist das rechtens?*

Bei der Zulässigkeit einer Mietminderung ist zu unterscheiden, ob der Mangel schon bei Mietende gegeben war, oder ob er erst danach auftrat:

Wenn Ihr Mieter vor dem Ende des Mietvertrags die Miete mindern durfte, dann darf er nach dem Mietende in gleicher Höhe die Nutzungsentschädigung mindern, bis er die Wohnung räumt und Ihnen die Schlüssel zurückgibt. Denn es gilt: Mit dem Ende des Mietvertrags endet nicht das Recht auf Mietminderung (BGH, Urteil v. 21.02.90, Az. VIII ZR 116/89).

Entsteht ein Mangel aber erstmals erst nach Mietende, darf der Mieter die Nutzungsentschädigung nicht mindern. Denn es gilt der Grundsatz, dass ein Mieter, der seiner Pflicht zuwider nach Mietende nicht räumt, hieraus kein Recht schöpfen darf (BGH, Urteil v. 27.05.15, Az. XII ZR 66/13).

## 85
## Darf mein Mieter die Miete mindern, auch wenn er nicht beeinträchtigt ist?

*Mein Mietshaus hat einen Anbau bekommen. 2 Monate lang waren meine Mieter durch Schmutz und Lärm beeinträchtigt. Ich bin einverstanden, dass sie für diese Zeit die Miete mindern. Ein Mieter hatte aber bereits gekündigt und ist bei Beginn der Arbeiten vorzeitig ausgezogen. Für die restlichen 2 Monate hat er die Miete wegen der Bauarbeiten gekürzt. Darf er das, obwohl er von den Beeinträchtigungen gar nicht mehr betroffen war?*

Ja, er darf die Miete mindern. Das Recht zur Mietkürzung besteht immer dann, wenn die Nutzbarkeit der Wohnung objektiv eingeschränkt ist. Dabei spielt es keine Rolle, ob der Mieter die Wohnung in dieser Zeit der eingeschränkten Nutzbarkeit tatsächlich bewohnt oder nicht. Selbst wenn er die Wohnung bereits komplett geräumt hat, kann er für die restliche Mietzeit die Miete mindern wegen aller Mängel und Beeinträchtigungen, die in dieser Zeit vorliegen. Das Mietminderungsrecht ist nur dann ausgeschlossen, wenn sich der Mangel in der Wohnung unabhängig von der konkreten Nutzung objektiv gar nicht auswirkt. Beachten Sie hierzu auch den unten stehenden Kasten.

Wirkt sich ein Mangel nur periodisch, beispielsweise in einer bestimmten Jahreszeit, erheblich auf den Gebrauchswert der Wohnung aus, dann ist eine Mietminderung auch nur in diesen Monaten zulässig. So hat der Bundesgerichtshof entschieden, dass ein Mieter wegen zu hoher Temperaturen durch unzureichende Klimatisierung einer Arztpraxis in den Sommermonaten zwar die Miete mindern darf. Eine Mietminderung in den Wintermonaten ist aber ausgeschlossen, da in dieser Zeit nicht mit einer Überhitzung der Räume zu rechnen ist (BGH, Urteil v. 15.12.10, Az. XII ZR 132/09).

## 86
## Darf mein Mieter die Miete mindern ohne vorherige Anzeige des Mangels?

*Im Juli zeigte mir ein Mieter an, dass die zentrale Warmwasserbereitung nicht mehr richtig funktioniere. Mehrere Reparaturversuche zogen sich über 1 Monat hin. Einmal war das Wasser warm, ein anderes Mal nicht. Anfang September war der Defekt endlich gefunden und konnte behoben werden. Die Mieterin einer anderen Wohnung im Haus hatte mir erst Ende August schriftlich mitgeteilt, dass das Wasser seit Juli oft nicht richtig warm würde und dass sie rückwirkend für die Monate Juli und August die Miete kürzen werde. Der Defekt sei mir ja durch Anzeige des anderen Mieters bekannt gewesen. Muss ich das akzeptieren?*

Leider ja. Es stimmt zwar, dass ein Mieter in der Regel erst ab dem Zeitpunkt zur Mietminderung berechtigt ist, zu dem er Ihnen den Mangel angezeigt hat (§ 536c BGB). Ausnahmsweise kann ein Minderungsrecht aber auch ohne vorherige Anzeige bestehen. Dann nämlich, wenn Sie schon auf anderem Weg von dem Mangel erfahren haben. So ist es bei Ihnen: Durch die Anzeige des einen Mieters, dass die zentrale Warmwasserbereitung nicht mehr funktioniere, musste Ihnen klar sein, dass auch die übrigen Wohnungen von dem Mangel betroffen sind.

Also: Sobald Sie von einem Mangel Kenntnis erhalten, egal auf welchem Weg, sind die davon betroffenen Mieter zur Minderung berechtigt. Die Kenntnis des Hauswarts oder Verwalters genügt.

**Bitte beachten Sie:** Vor Gericht muss der Mieter beweisen, dass Sie auch ohne seine Anzeige den Mangel gekannt haben. Gelingt ihm dieser Beweis nicht, darf er nicht mindern oder muss die bereits einbehaltene Miete doch noch zahlen.

# Abmahnung, Kündigung und Mietende

## 87
## Unberechtigte Mietminderung bei Schimmel: Darf ich meinem Mieter kündigen?

*Mein Mieter hat in den letzten Monaten die Miete wegen mehrerer Schimmelstellen in seiner Wohnung gemindert. Diese Stellen gibt es wirklich, doch hat er sie selbst hervorgerufen, weil er nie lüftet. Ich halte die Mietminderung deshalb nicht für gerechtfertigt. Der Rückstand beträgt mittlerweile fast 2 Monatsmieten. Darf ich dem Mieter kündigen?*

Sie haben das Recht auf Ihrer Seite. Wenn der Mieter sich über die Ursache eines Mietmangels irrt, ist seine betreffende Mietminderung rechtswidrig (BGH, Urteil v. 11.07.12, Az. VIII ZR 138/11). Freilich muss dafür bewiesen sein, dass der Mieter verantwortlich für den Schimmel ist und dessen Ursache also keine baulichen Gründe hat.

Ist dies der Fall, dürfen Sie zwar nicht fristlos kündigen, weil hierzu der Mietrückstand mehr als 2 Monatsmieten betragen muss (§ 543 Abs. 2 Nr. 3b BGB). Wohl aber dürfen Sie einem wichtigen Urteil des BGH zufolge ordentlich kündigen, weil der Zahlungsrückstand Ihres Mieters 1 Monatsmiete beträgt und trotz Abmahnung länger als 1 Monat besteht (Urteil v. 10.10.12, Az. VIII ZR 107/12).

Die ordentliche Kündigung wegen Zahlungsverzugs hat für Sie den Vorteil, dass der Mieter sie nicht durch Ausgleich der Mietschulden unwirksam werden lassen kann. Dieses Privileg – die sogenannte Schonfrist – haben Mieter nach oben genanntem BGH-Urteil nämlich nur bei einer fristlosen Kündigung wegen Zahlungsverzugs.

## 88
## Mein Mieter zahlt unpünktlich – wann darf ich kündigen?

*Wie häufig muss der Mieter die Miete verspätet gezahlt haben und wie häufig muss ich ihn abmahnen, bevor ich ihm kündigen kann?*

Die zweite Frage lässt sich klar beantworten: Es genügt bereits eine Abmahnung. So steht es im Gesetz und so haben es die BGH-Richter deutlich entschieden: Hat der Mieter bereits mehrfach die Miete verspätet gezahlt, können Sie fristlos kündigen, sobald nach einer Abmahnung der Mieter ein weiteres Mal unpünktlich zahlt (BGH, Urteil v. 14.09.11, Az. VIII ZR 301/10).

Weniger eindeutig zu beantworten ist die Frage, wie häufig der Mieter insgesamt verspätet gezahlt haben muss. Etwa 4 bis 6 verspätete Zahlungen setzen die Gerichte voraus, damit die Kündigung gerechtfertigt ist. Zu berücksichtigen ist jedoch nicht nur die Anzahl verspäteter Zahlungen, sondern auch die Frage, um wie viele Tage verspätet der Mieter denn jeweils gezahlt hat. Unwirksam war etwa eine fristlose Kündigung, nachdem der Mieter insgesamt nur 3-mal verspätet gezahlt hatte, davon 2-mal lediglich um einen Tag, ein drittes Mal um 3 Tage (LG Berlin, Urteil v. 09.10.13, Az. 65 S 140/13).

Bei nur geringer Säumnis warten Sie daher am besten mehrere Zahlungsverstöße ab oder sprechen mehrmals statt nur einmal eine Abmahnung aus.

## 89
## Fristlose Kündigung: Wann gilt der Zahlungsrückstand?

*Mein Mieter zahlt immer wieder unpünktlich. Da der Rückstand bereits eine Monatsmiete beträgt, möchte ich die Chance nutzen, ihn loszuwerden. Ich erwarte nämlich, dass er die nächste Miete wieder unpünktlich zahlt. Darf ich ihm schon vor Ablauf des dritten Werktags fristlos kündigen?*

Befindet sich Ihr Mieter für 2 aufeinanderfolgende Mietzahlungstermine in Höhe von mindestens einer Monatsmiete im Rückstand, dürfen Sie ihm fristlos kündigen. Das Gleiche gilt, wenn sich der Rückstand über mehrere Monate aufgebaut hat und mindestens 2 Monatsmieten ausmacht (§ 543 Abs. 2 Nr. 3 BGB).

Ohne Bedeutung hierfür ist, ob der Mieter für den Zahlungsverzug „etwas kann" – auch wenn das Jobcenter die Miete nicht zahlt, dürfen Sie dem Mieter kündigen (BGH, Urteil v. 04.02.15, Az. VIII ZR 175/14).

Doch Vorsicht – es genügt nicht, dass der erforderliche Zahlungsrückstand erst dann besteht, wenn der Mieter Ihre Kündigung erhält. Der erforderliche Rückstand muss vielmehr schon bei Abfassung der Kündigung gegeben sein.

So hat es der BGH in einem Fall entschieden, in dem auch einem Mieter wegen Zahlungsverzugs gekündigt worden war. Im Räumungsprozess stellte sich dann heraus, dass er bei Ausspruch der Kündigung (Datum des Kündigungsschreibens) noch gar nicht mit 2 Monatsmieten in Rückstand war; dieser Rückstand bestand erst bei Zugang der Kündigung beim Mieter.

Eigentlich könnte man meinen, dass dies ausreicht, doch weit gefehlt. Der BGH hielt die Kündigung für unwirksam: Der zwischenzeitlich eingetretene Verzug ist nicht zu berücksichtigen, weil dieser Umstand nicht Gegenstand der Kündigungsbegründung war und auch noch gar nicht sein konnte (Urteil v. 04.02.09, Az. VIII ZR 66/08).

**Fazit:** Sie dürfen also nicht verfrüht in der Erwartung kündigen, dass Ihr Mieter auch die nächste Monatsmiete nicht rechtzeitig bezahlen wird. Warten Sie mit Ihrem Kündigungsschreiben immer so lange ab, bis der Zahlungsrückstand in der erforderlichen Höhe tatsächlich eingetreten ist.

**Hinweis:** Schuldet der Mieter die Miete bis zum 3. Werktag, muss die Miete dann bei Ihnen auf dem Konto eingegangen sein, eine Überweisung an diesem Tag reicht nicht (LG Freiburg, Urteil v. 28.04.15, Az. 9 S 109/14). Der Samstag zählt dabei nicht als Werktag (BGH, Urteil v. 13.07.10, Az. VIII ZR 129/09).

**Ihr Vorteil:** Beachten Sie außerdem, dass Sie nicht nur wegen eines Zahlungsverzugs fristlos kündigen dürfen, sondern auch wegen einer Zahlungsverzögerung. Hierzu sind Sie berechtigt, wenn der Mieter schon bald nach einer Abmahnung erneut nicht rechtzeitig zahlt (BGH, Urteil v. 01.06.11, Az. VIII ZR 91/10).

## 90
## Mieter verwahrlost die Wohnung: Darf ich ihm ohne Abmahnung kündigen?

*Mein Mieter lässt seine Wohnung völlig verkommen. Er reinigt sie nicht und hat in zahlreichen Tüten und Kartons Müll gelagert. Aus der Wohnung dringt Gestank, der im Treppenhaus deutlich und äußerst unangenehm wahrnehmbar ist. Die übrigen Hausbewohner beschweren sich bei mir. Darf ich dem Mieter unter Einhaltung der Kündigungsfrist kündigen oder muss ich ihn erst abmahnen?*

Für Ihre ordentliche fristgerechte Kündigung gemäß § 573 BGB ist eine vorherige Abmahnung vom Gesetz nicht vorgeschrieben. Dies hat der BGH eindeutig klargestellt (Urteil v. 28.11.07, Az. VIII ZR 145/07).

Insoweit besteht ein wesentlicher Unterschied zur fristlosen Kündigung, die grundsätzlich erst nach einer erfolglosen Abmahnung des Mieters zulässig ist (§ 543 Abs. 3 Satz 1 BGB).

Dennoch ist es häufig ratsam, den Mieter auch bei einer fristgerechten Kündigung zuvor abzumahnen, denn die Kündigung setzt eine schuldhafte, nicht unerhebliche Pflichtverletzung des Mieters voraus.

Und gerade bei weniger gravierenden Verstößen des Mieters kommt der Abmahnung eine wichtige Bedeutung zu. Denn wenn der Mieter sogar die Abmahnung missachtet und sein vertragswidriges Verhalten fortsetzt, verleiht dies seiner Pflichtverletzung noch zusätzliches Gewicht und macht Ihre Kündigung umso aussichtsreicher.

## 91
## Verlängerte Kündigungsfrist nach 5 Jahren Mietzeit: Auf welches Datum kommt es für mich an?

*Ich möchte meinem Mieter wegen Eigenbedarfs kündigen. Der Mietvertrag wurde von mir und dem Mieter am 11.04.2011 unterschrieben. Als Beginn des Mietverhältnisses ist der 01.06.2011 eingetragen. Bereits Mitte Mai 2011 hat der Mieter von mir die Schlüssel erhalten, weil er noch renovieren wollte. Gilt noch die 3-monatige Kündigungsfrist?*

Die Kündigungsfrist des Vermieters richtet sich danach, wie lange das Mietverhältnis bei Kündigung bestand: Dauerte es weniger als 5 Jahre, beträgt die Kündigungsfrist 3 Monate, dauerte es mehr als 5 Jahre aber weniger als 8 Jahre, liegt die Kündigungsfrist bei 6 Monaten; bei mehr als 8 Jahren sind es dann 9 Monate Kündigungsfrist (§ 573c BGB).

In Ihrem Fall können Sie im April 2016 noch mit der 3-monatigen Frist das Mietverhältnis kündigen. Es kommt weder auf den Tag an, an dem der Mietvertrag unterschrieben wurde, noch auf das Datum, zu dem das Mietverhältnis beginnen sollte. Entscheidend ist vielmehr das Datum, zu dem Sie dem Mieter die Wohnung überlassen haben. Das ist der Tag, an dem der Mieter von Ihnen die Wohnungsschlüssel erhalten hat.

**Fazit:** Geht dem Mieter Ihre Kündigung noch innerhalb der 5-Jahres-Frist zu, gerechnet ab dem Tag der Schlüsselübergabe, gilt noch die 3-monatige Kündigungsfrist. Erreicht Ihre Kündigung den Mieter erst später, müssen Sie die 6-monatige Frist einhalten. Da der Tag der Schlüsselübergabe in Ihrem Fall nicht exakt feststeht, schließen Sie jedes Risiko aus, wenn Ihr Mieter die Kündigung noch im April 2016 erhält. Dann liegt der Zugang auf jeden Fall noch innerhalb der 5-Jahres-Frist ab Überlassung des Wohnraums.

## 92
## Wird die fristlose Kündigung auch bei Gewerberäumen durch Zahlung des Rückstands unwirksam?

*Ich habe ein Ladengeschäft vermietet. Mein Mieter hat die Mieten nur unzuverlässig gezahlt. Als der Rückstand sich schließlich auf mehr als 2 Monatsmieten erhöht hatte, habe ich ihm fristlos gekündigt. Plötzlich hat er dann den Zahlungsrückstand ausgeglichen. Ich möchte das Mietverhältnis aber trotzdem gern beenden. Kann ich die Räumungsklage erheben?*

Ja, das können Sie. Ihre Frage bezieht sich auf die gesetzliche Vorschrift in § 569 Abs. 3 BGB, auch „Schonfrist“ genannt. Nach dieser Regelung wird eine fristlose Kündigung unwirksam, wenn der Vermieter hinsichtlich der fälligen Miete und der fälligen Nutzungsentschädigung vollständig befriedigt wird. Ausreichend ist auch, dass sich eine öffentliche Stelle, beispielsweise das Wohnungsamt, dem Vermieter gegenüber verbindlich zur Befriedigung der Rückstände verpflichtet. Diese Vorschrift gilt aber nur bei Wohnraum-Mietverhältnissen. Bei der Vermietung von Gewerberäumen ist sie nicht anwendbar (§ 578 BGB).

Das bedeutet: Ihre einmal wirksam ausgesprochene und ordnungsgemäß zugegangene fristlose Kündigung kann Ihr Mieter nicht durch nachträgliche Zahlung beseitigen. Das Mietverhältnis bleibt beendet und der Mieter muss Ihnen die Geschäftsräume leer geräumt zurückgeben. Tut er dies nicht, können Sie auf Räumung klagen.

Zögern Sie die Klage jedoch nicht zu lange hinaus. Sonst kann es Ihnen passieren, dass das Gericht den Schluss zieht, dass die Pflichtverletzung von Ihnen gar nicht als so schwerwiegend angesehen wird und die Vertragsfortsetzung Ihnen zumutbar ist.

## 93
## Welche Kündigungsfristen gelten bei der Gewerbemiete?

*Ich habe einen Laden mit Nebenräumen und mit separatem Vertrag einen Lagerplatz vermietet. Im Vertrag über den Laden heißt es: „Der Vertrag läuft bis zum 31.05.2001. Er verlängert sich jeweils um 1 Jahr, wenn er nicht mit einer Frist von 8 Monaten gekündigt wird.“ Der 2. Mietvertrag enthält keine Regelung zur Kündigung. Mein Mieter behauptet, er könne mit 3-monatiger Frist kündigen und hat im Februar 2016 zum 31.05.2016 gekündigt. Ist das rechtens?*

Nein, das Mietverhältnis über den Laden endet nicht am 31.05.2016, sondern erst 1 Jahr später, also am 31.05.2017. Die vom Mieter angesprochene verbindliche 3-Monats-Frist gilt nur für Wohnraum-Mietverhältnisse. Für andere Mietverhältnisse, etwa über Gewerberäume oder unbebaute Grundstücke, sieht das Gesetz in § 580a BGB andere Kündigungsfristen vor (siehe Tabelle). Außerdem können hier von der Gesetzesregel abweichende Fristen vertraglich vereinbart werden.

Die in Ihrem Laden-Mietvertrag getroffene Regelung ist daher verbindlich. Ihr Mieter hätte spätestens am 3. Werktag im Oktober 2015 kündigen müssen, um das Mietverhältnis zum 31.05.2016 zu beenden. Seine Kündigung vom Februar 2016 wirkt so aber erst zum 31.05.2017.

Bei dem Lagerplatz gilt, da nichts Abweichendes vereinbart ist, die gesetzliche Kündigungsfrist. Dient der Lagerplatz der gewerblichen Nutzung, wirkt die Kündigung vom Februar 2016 zum 30.06.2016, da nur eine Kündigung zum Quartalsende möglich ist. Nur wenn der Lagerplatz zur privaten Nutzung an den Mieter vermietet wurde, wirkt diese Mieterkündigung zum 31.05.2016.

| Diese gesetzlichen Kündigungsfristen gelten bei der Gewerbemiete | | |
|---|---|---|
| **Vermietet sind …** | **Kündigungsfrist** | **gesetzliche Regelung** |
| … gewerblich genutzte unbebaute Grundstücke (z. B. Lagerplätze, Kfz-Stellplätze, aber auch Grundstücksteile sowie Wandflächen für Reklamezwecke oder zur Anbringung von Warenautomaten) | 3 Monate zum Ende eines Quartals | § 580a Abs. 1 Ziffer 3 BGB |
| … Geschäftsräume (z. B. Lagerhalle, Werkstatt, Büro, Ladenlokal) | 6 Monate zum Ende eines Quartals | § 580a Abs. 2 BGB |
| … privat genutzte unbebaute Grundstücke oder Räume (ohne Wohnraum) | 3 Monate zum Ende eines Monats | § 580a Abs. 1 BGB |

Bitte beachten Sie: Abweichende Vereinbarungen sind möglich, sowohl zugunsten wie zulasten des Mieters.

## 94
## Unpünktliche Mietzahlung – wann darf ich meinem Mieter kündigen?

*Ich habe einen Mieter mit einer sehr anstrengenden Zahlungsmoral. Er zahlt die Miete grundsätzlich weit nach dem 3. Werktag des Monats, oft kommt die Miete kleckerweise und erst im Folgemonat vollständig. Ich bin es wirklich satt, meiner Miete ständig hinterherzulaufen. Am liebsten würde ich das Mietverhältnis beenden. Ein Bekannter sagte mir, damit müsse ich warten, bis der Rückstand mindestens 2 Monatsmieten betrage. Stimmt das denn überhaupt?*

Nein, das stimmt nicht. Sie haben auch bei einem geringeren Rückstand und bei mehreren verspäteten Mietzahlungen die Möglichkeit zur Kündigung des Mietverhältnisses.

Zahlt Ihr Mieter seine Miete verspätet, sollten Sie ihn deshalb zeitnah abmahnen. Das heißt, Sie fordern ihn auf, zukünftig pünktlich zu zahlen, und drohen ihm für den Fall, dass er weiterhin unpünktlich zahlt, die Kündigung des Mietverhältnisses an.

Da die Abmahnung eine grundlegende Voraussetzung für Ihre Kündigung ist, stellen Sie diese bitte nachweislich, zum Beispiel durch einen Boten, zu. Nach dem BGH sind Sie bereits dann zur Kündigung des Mietverhältnisses berechtigt, wenn Ihr Mieter nach der Abmahnung eine weitere Miete verspätet zahlt (BGH, Urteil v. 14.09.11, Az. VIII ZR 301/10).

Generell gilt **aber:** Reagieren Sie sofort, wenn Ihr Mieter unpünktlich oder unvollständig zahlt. Nehmen Sie unpünktliche Mietzahlungen über eine längere Zeit widerspruchslos hin, kann das zum Ausschluss der fristlosen Kündigung führen (BGH, Urteil v. 04.05.11, Az. VIII ZR 191/10).

**Tipp:** Bei einer fristlosen Kündigung haben Sie immer das Risiko, dass der zuständige Richter die Pflichtverletzung als nicht gravierend genug erachtet. Dieses Risiko können Sie ausschließen, indem Sie „fristlos und hilfsweise fristgemäß" kündigen. Hält der Richter dann Ihre fristlose Kündigung für unwirksam, haben Sie noch die ordentliche Kündigung als zweites Standbein.

## 95
## Unberechtigte Abmahnung: Kann mein Mieter den Widerruf von mir verlangen?

*Ich habe einen sehr penetranten Mieter, der immer wieder durch Lärmbelästigung für Unruhe in der Hausgemeinschaft sorgt. Überlautes Fernsehen ist an der Tagesordnung, lauter Besuch, der weit nach 22 Uhr noch deutlich zu hören ist, keine Seltenheit. Da sich meine anderen Mieter immer wieder über ihn beschweren, habe ich ihn jetzt abgemahnt und die fristlose Kündigung des Mietverhältnisses angedroht. Der Mieter verlangt jetzt von mir, die Abmahnung zurückzunehmen. Er hat bereits angedroht, mich auf Widerruf der Abmahnung zu verklagen. Kann er das überhaupt?*

Ihre Frage lässt sich eindeutig mit „Nein" beantworten. Ihr Mieter kann den Wiederruf einer Abmahnung nicht verlangen, da die mietrechtlichen Vorschriften das nicht vorsehen (BGH, Urteil v. 20.02.08, Az. VIII ZR 139/07). Weisen Sie Ihren Mieter auf dieses Urteil hin. Klagt er dennoch, wird er den Prozess verlieren.

Auch wenn Ihre Abmahnung als solche unangreifbar ist, spielt deren Wirksamkeit eine wichtige Rolle für Sie. Denn sie ist unabdingbare Voraussetzung für den Erfolg einer vielleicht erforderlich werdenden Kündigung.

Weigert sich Ihr Mieter auf Ihre fristlose Kündigung hin auszuziehen, werden Sie Räumungsklage erheben müssen. Im Rahmen dieses Verfahrens wird das Gericht auch die Wirksamkeit Ihrer Abmahnung überprüfen. Ist diese nicht wirksam, werden Sie den Prozess verlieren. Daher überprüfen Sie auf jeden Fall Ihre Abmahnung nochmals auf deren Wirksamkeit. Haben Sie hier Zweifel, mahnen Sie Ihren Mieter erneut ab.

Die Abmahnung ist praktisch die „letzte Station“ vor der fristlosen Kündigung: sie soll Ihrem Mieter die Möglichkeit zur Besserung geben. Den folgenden Inhalt muss sie aufweisen:

- In der Abmahnung halten Sie Ihrem Mieter sein Fehlverhalten konkret vor Augen. Hierzu müssen Sie Tag und Uhrzeit sowie Art und Umfang der verschiedenen Lärmbelästigungen festhalten.
- Weiterhin fordern Sie ihn dazu auf, dieses pflichtwidrige Verhalten abzustellen.
- Schließlich drohen Sie ihm für den Fall weiterer Verstöße die Kündigung an.

**Tipp:** In einem eventuellen Prozess sind Sie dafür beweispflichtig, dass die Abmahnung ordnungsgemäß erfolgt ist und Ihr Mieter sie auch tatsächlich erhalten hat. Daher übergeben Sie diese entweder Ihrem Mieter persönlich und lassen sich den Empfang bestätigen oder Sie stellen das Schreiben per Boten zu. Dann sind Sie auf der sicheren Seite.

**Fazit:** Verhält sich ein Mieter pflichtwidrig, sollten Sie in Ihrem eigenen Interesse konsequent dagegen vorgehen. Die Abmahnung ist hier nur der erste Schritt.

## 96
## Darf mein Ex-Mieter seine Einbauküche noch nachträglich aus der Wohnung entfernen?

*Einer meiner Mieter hat vor mehr als 1 Jahr das Mietverhältnis gekündigt. Er ist einfach ausgezogen und hat mir die Schlüssel in den Briefkasten eingeworfen. Damals hat er seine Einbauküche zurückgelassen. Ich habe die Wohnung dann kurze Zeit später renovieren lassen und sie inklusive der Einbauküche weitervermietet. Jetzt, nach über 1 Jahr, steht der ehemalige Mieter vor meiner Tür und verlangt seine Einbauküche zurück. Darf er das?*

Nein, Ihr Mieter kann die Herausgabe der Einbauküche nicht mehr von Ihnen verlangen. Bei der Einbauküche handelt es sich zwar um eine vom Mieter eingebaute Einrichtung, deren Entfernung er nach § 539 Abs. 2 BGB verlangen kann. In diesem Fall hat aber der Vermieter das Recht, die Wegnahme durch Zahlung einer angemessenen Entschädigung zu verhindern (§ 552 BGB).

Dass der Mieter diesen Anspruch nicht geltend machen kann, liegt an der kurzen Verjährungsfrist des § 548 BGB. Das heißt, der Wegnahmeanspruch Ihres Mieters verjährt innerhalb von 6 Monaten.

Wichtig: Der Beginn dieser Verjährungsfrist knüpft an die ordnungsgemäße Übergabe der Wohnung an, und nicht an den Ablauf der Kündigungsfrist (BGH, Urteil v. 15.03.06, Az. VIII ZR 123/05).

Mittlerweile hat sich die Praxis herausgebildet, dass Mieter einfach die Schlüssel in den Briefkasten ihres Vermieters einwerfen. Möchten Sie die Wohnung schnell weitervermieten, können Sie sich darauf einlassen. Sie müssen sich aber nicht darauf einlassen, denn ein Vermieter braucht sich hierfür „nicht allzeit bereithalten“ (so ausdrücklich BGH, Urteil v. 12.10.11, Az. VIII ZR 8/11). Wenn Sie die Wohnung mit den Schlüsseln aber zurücknehmen sollten Sie sich unbedingt den Tag notieren, an dem die Schlüssel eingeworfen wurden, denn dieser Tag ist dann entscheidend für den Beginn der kurzen Verjährungsfrist.

**Fazit:** Da in Ihrem Fall seit dem Einwurf der Schlüssel weit mehr als 1 Jahr vergangen ist, können Sie sich gegenüber Ihrem ehemaligen Mieter mit Erfolg auf die 6-monatige Verjährungsfrist berufen.

## 97
## Nach Mietende – steht mir die Miete des Untermieters zu?

*Ich habe meinem Mieter gekündigt und erst danach erfahren, dass er seine Wohnung untervermietet hat. Ich finde das unverschämt, weil der Untermieter an meinen Mieter eine höhere Miete zahlt, als ich erhalte. Was soll ich machen?*

Ziehen der Mieter bzw. sein Untermieter nicht aus, gibt es zu einer Räumungsklage keine Alternative. Dann ist ganz wichtig, dass Sie Ihre Räumungsklage auch gegen den Untermieter richten, diesen also zusammen mit Ihrem Mieter verklagen. Tun Sie das nicht, könnten Sie ein Räumungsurteil nicht vollstrecken.

Außerdem dürfen Sie von Ihrem Mieter die Mehreinnahmen herausverlangen. Also die Differenz zwischen eingenommener Untermiete und von ihm (an Sie) zu zahlender Miete. So hat es der BGH vermieterfreundlich entschieden (Urteil v. 12.08.09, Az. XII ZR 76/08).

**Bitte beachten Sie:** Diese Pflicht hat der Mieter in einem ungekündigten Mietverhältnis aber nicht. In diesem Fall kann er den „Gewinn" behalten, wenn es ihm gelingt, von seinem Untermieter eine höhere Miete einzunehmen, als er selbst zahlen muss. Dies gilt sogar dann, wenn die Untervermietung rechtswidrig ist, sie Ihnen insbesondere nicht angezeigt wurde oder Sie den Untermieter aus wichtigem Grund hätten ablehnen dürfen (BGH, Urteil v. 13.12.95, Az. ZR 194/93).

## 98
## Muss ich bei meiner Eigenbedarfskündigung eine Sozialauswahl vornehmen?

*Ich besitze ein Mietshaus mit 8 Wohnungen, die alle vermietet sind. Nun möchte ich einem Mieter kündigen, damit meine Tochter dort einziehen kann. Bin ich frei in der Entscheidung, welchem Mieter ich kündige, oder muss ich mich bei der Auswahl an bestimmten sozialen Gesichtspunkten orientieren?*

Bei Ihrer Eigenbedarfskündigung dürfen Sie frei entscheiden, welche von mehreren geeigneten Wohnungen im Haus Ihre Tochter beziehen will und welchem Mieter Sie deshalb kündigen.

Es ist nicht erforderlich, zunächst zu prüfen, für welchen Mieter die Kündigung voraussichtlich am leichtesten zu verkraften ist. Sie dürfen der seit mehreren Jahren in Ihrem Haus lebenden Familie mit Kind kündigen, auch wenn in einer anderen Wohnung erst vor wenigen Monaten ein gut verdienender Single eingezogen ist. Sie dürfen ebenso dem vertragstreuen Mieter kündigen, auch wenn ein anderer Mieter im Haus bereits mehrfach gegen die Hausordnung verstoßen hat und Sie diesem sogar fristlos kündigen könnten.

Mit anderen Worten: Der Mieter, den es schließlich trifft, kann Ihre Kündigung nicht mit dem Argument zu Fall bringen, ein anderer Mieter im Haus könnte die Kündigung leichter verkraften oder hätte eher zur Kündigung Anlass gegeben.

Allerdings hat der von Ihnen ausgewählte Mieter selbstverständlich das Recht, Ihrer Kündigung zu widersprechen, wenn er nachweist, dass die Kündigung für ihn oder seine Angehörigen eine unzumutbare Härte darstellt. Dieses Widerspruchsrecht ist in § 574 BGB geregelt. Es steht jedem Wohnungsmieter gegen eine ordentliche Vermieterkündigung zu. Nur bei fristlosen Kündigungen ist es ausgeschlossen.

**Tipp:** Überlegen Sie bereits im Vorfeld, welcher Mieter Härtegründe einwenden könnte. Am besten kündigen Sie einem Mieter, bei dem Ihnen keine Härtegründe bekannt oder jedenfalls nicht zu erwarten sind.

**Hinweis:** Mit diesen Härtegründen kann Ihr Mieter Ihrer Kündigung erfolgreich widersprechen

- Angemessener Ersatzwohnraum ist zu zumutbaren Bedingungen nicht zu finden.
- Ein langjähriger Mieter in hohem Alter ist im Wohngebiet so verwurzelt, dass ein Umzug ihn erheblich beeinträchtigen würde.
- Eine fortgeschrittene Schwangerschaft macht einen Umzug derzeit unzumutbar.
- Dem Mieter wurde eine langfristige Mietzeit zugesagt und im Vertrauen darauf hat er erheblich in die Wohnung investiert.

## 99
## Was kann ich tun, wenn ein Besucher des Mieters immer wieder den Hausfrieden stört?

*Mein Mieter erhält in den Ferien oft mehrwöchigen Besuch von seiner Nichte. Die junge Dame dreht die Stereoanlage gern laut auf, sodass es regelmäßig zu Beschwerden von Hausbewohnern über Ruhestörungen, auch nach 22 Uhr, kommt. Der Mieter sagt, er sei in diesen Zeiten mitunter auf mehrtägigen Geschäftsreisen und könne dann nicht eingreifen. Was kann ich tun?*

Selbstverständlich ist Ihr Mieter für das Verhalten seiner Nichte im Haus verantwortlich. Denn er ist es, der sie in seiner Wohnung wohnen lässt. Durch seine eigene Abwesenheit kann er sich dieser Verantwortung nicht entziehen. Weisen Sie Ihren Mieter auf seine diesbezügliche Verantwortung hin. Wenn sich die Nichte in seiner Abwesenheit nicht an die Hausregeln halten kann, darf Ihr Mieter sie in diesen Zeiten nicht mehr kommen lassen.

Sie können auch bereits jetzt Ihren Mieter abmahnen und von ihm verlangen, dass er auf die Nichte einwirkt und für deren ordnungsgemäßes Verhalten sorgt. Gelingt Ihrem Mieter dies auch nach Ihrer Abmahnung nicht, können Sie ihm genauso kündigen, als hätte er die Vertragsverletzungen selbst begangen. Eine Kündigung können Sie nämlich nicht nur darauf stützen, dass Ihr Mieter persönlich den Hausfrieden stört oder Vertragspflichten verletzt. Sie ist ebenso möglich, wenn ein Besucher des Mieters, Familienangehörige oder andere Personen, die zum Haushalt des Mieters gehören, den Ärger verursachen.

Als weniger einschneidende Reaktion haben Sie die Möglichkeit, Ihren Mieter oder auch seine Nichte selbst nach einer Abmahnung auf Unterlassung der Störungen zu verklagen.

## 100
## Mietende: Der Mieter ist ausgezogen, warum bin ich jetzt Stromkunde?

*Mein Mieter ist ausgezogen und hat sich auch beim Stromversorger abgemeldet. Nun steht die Wohnung leer. Kurz nach seinem Auszug erhielt ich von dem Energieversorgungsunternehmen ein Schreiben mit einer mir unbekannten Vertragsnummer sowie der Mitteilung, ich sei Vertragspartner geworden. Dem habe ich widersprochen. Dennoch soll ich nun 8 € im Monat zahlen. Wie ist das zu erklären?*

Grundsätzlich wird ein Energieversorgungsvertrag wie jeder Vertrag dadurch geschlossen, dass ein Angebot angenommen wird. Das heißt, man meldet sich bei dem Unternehmen an und bekommt die Zusage über die fortdauernde Lieferung. Wenn ein solcher ausdrücklicher Vertrag nicht geschlossen wurde, kann es auch durch die bloße Entnahme von Strom zum Vertragsschluss kommen. Strom verbrauchen kann freilich nur derjenige, der auch Zutritt zur Wohnung hat – in der Regel also der Mieter. Ist der Mieter ausgezogen, greifen die Versorgungsunternehmen auf den Eigentümer zurück und berechnen ihm den Stromverbrauch. Steht die Wohnung zwischenzeitlich leer, werden auch die monatlichen Grundgebühren vom Eigentümer erhoben.

Sie haben also 2 Möglichkeiten:

- Sie teilen dem Versorgungsunternehmen mit, es möge den Zähler sperren. Dann sind Sie von den Kosten befreit und der künftige Mieter muss sich erneut beim Versorgungsunternehmen anmelden.
- Um die Wohnung nicht ohne Strom zu lassen – Sie benötigen ja zumindest für Ihre Besichtigungen Strom – akzeptieren Sie die Verpflichtung zur Zahlung der Grundgebühr. In diesem Fall müssen Sie bei der nächsten Vermietung dafür sorgen, dass der Vertrag vom Mieter übernommen oder von Ihnen gekündigt wird.

## 101
## Beträgt meine Kündigungsfrist 3 oder 6 Monate?

*Meine Mieterin hat vor 7 Jahren zusammen mit ihrem damaligen Lebensgefährten eine meiner Wohnungen gemietet. Vor 2 Jahren ist der Mann ausgezogen. Daraufhin habe ich mit der Mieterin am 01.01.2010 einen neuen Vertrag abgeschlossen. Jetzt will ich ihr kündigen. Welche Frist muss ich einhalten?*

Der aktuelle Mietvertrag mit Ihrer Mieterin ist zwar noch keine 2 Jahre alt, trotzdem können Sie ihr leider nur mit der verlängerten Frist von 6 Monaten kündigen.

Für die Berechnung der Kündigungsfrist kommt es nämlich nicht auf das Datum des aktuellen Mietvertrags an, sondern auf die Wohndauer Ihrer Mieterin. Deshalb berechnet sich die Kündigungsfrist nach einer Wohndauer von 7 Jahren. Gemäß § 573c BGB beträgt die Kündigungsfrist bei Mietverhältnissen von mehr als 5 Jahren Dauer 6 Monate, ab 8 Jahren sogar 9 Monate.

## 102
## Darf ich wegen Eigenbedarf auch Gewerberäume kündigen?

*Ich habe an einen Mieter eine Wohnung und ein Atelier vermietet. Nun würde ich die Wohnung gerne selbst nutzen – darf ich wegen Eigenbedarf kündigen?*

Vorweg: Für die ordentliche Kündigung von Gewerberäumen brauchen Sie keinen Grund, müssen hieran also auch keinen Eigenbedarf nachweisen. Dies ist aber der Fall, wenn Sie eine Wohnung kündigen möchten (§ 573 Abs. 2 Nr. 2 BGB).

Wenn Sie in einem Mietvertrag Wohn- und Gewerberäume zusammen vermietet haben, liegt ein sogenanntes Mischmietverhältnis vor. Ob Sie zur Kündigung eines Mischmietverhältnisses einen Kündigungsgrund brauchen, richtet sich danach, ob der Mieter die Räume im Schwerpunkt als Wohnung nutzt (Eigenbedarf erforderlich) oder im Schwerpunkt beruflich (kein Kündigungsgrund erforderlich). Eine Teilkündigung nur der Wohnung oder nur der gewerblich genutzten Räume ist bei einem solchen einheitlichen Mietvertrag nicht möglich.

Der Umstand, dass der Mieter in den Mieträumen seinen Lebensunterhalt verdient, spricht aber für sich nicht allein dafür, dass im Schwerpunkt ein Gewerbemietvertrag anzunehmen ist (BGH, Urteil v. 09.07.14, Az. VIII ZR 376/13).

Liegt der Schwerpunkt der Nutzung im Wohnen, brauchen Sie zur Kündigung also Eigenbedarf. Erfreulicherweise reicht es aber aus, dass Sie Eigenbedarf nur an den vermieteten Wohnräumen haben; Eigenbedarf an den zugleich gekündigten Gewerberäumen (hier am Atelier) brauchen Sie also nicht zusätzlich (BGH, Urteil v. 01.07.15, Az. VIII ZR 14/15).

**Ihr Vorteil:** Andersherum dürfen Sie eine Mietwohnung wegen Eigenbedarf auch dann kündigen, wenn Sie die Räume teilweise oder sogar ausschließlich beruflich nutzen möchten. Dies hat der BGH bereits mehrfach bestätigt (Urteile v. 05.10.05, Az. VIII ZR 127/05 und v. 26.09.12, Az. VIII ZR 330/11).

## 103
## Kann ich mich zur Eigenbedarfskündigung wirksam ermächtigen lassen?

*Ich plane, eine vermietete Wohnung zu kaufen, um sie selbst zu beziehen. Aus diesem Grund möchte ich den Mietern wegen Eigenbedarfs kündigen. Kann ich die Zeit bis zu meinem Einzug abkürzen, indem ich – aufgrund einer entsprechenden Ermächtigung des Verkäufers – schon nach dem Kaufvertrag kündige?*

Kaufen Sie eine vermietete Wohnung, werden Sie als neuer Eigentümer auch Vermieter, denn „Kauf bricht nicht Miete“ (§ 566 BGB). Eigentümer der Mietwohnung werden Sie aber erst mit Ihrer Eintragung im Grundbuch.

Aus diesem Grund lassen sich Erwerber häufig vom Verkäufer zur Kündigung ermächtigen, nachdem der Kaufvertrag notariell beurkundet worden ist. Dies ist möglich, wenn einem Mieter wegen Pflichtverletzung gekündigt werden soll, etwa wegen Zahlungsverzugs. Auch kann der Verkäufer den Erwerber ermächtigen, eine Mieterhöhung vorzunehmen (BGH, 19.03.14, Az. VIII ZR 2013/13).

Bei einer Eigenbedarfskündigung geht dies aber nicht, denn der Eigenbedarf muss zwingend zugunsten der Person vorliegen, die zum Zeitpunkt der Kündigung Eigentümer der Mietwohnung ist.

**Fazit:** Eine Ermächtigung ist in Ihrem Fall nicht möglich. Erst mit Ihrer Eintragung im Grundbuch sind Sie kraft Gesetz Vermieter und dürfen dann als solcher Ihren Mietern wegen Eigenbedarfs kündigen.

## 104
## Ist die Kündigung meines Mieters per Fax wirksam?

*Mein Mieter hat mir zunächst mündlich seine Kündigung erklärt und danach ein Fax geschickt, mit dem er seine „Kündigung zum nächstmöglichen Termin schriftlich wiederholt". Ist das rechtens?*

Die Kündigung Ihres Mieters ist unwirksam. In § 568 Abs. 1 BGB ist für die Kündigung eines Wohnraummietverhältnisses die Schriftform vorgeschrieben. Weder die mündlich ausgesprochene Kündigung noch die Kündigung per Fax erfüllen diese Voraussetzung.

Schriftform bedeutet gemäß § 126 BGB, dass die Erklärung von dem Erklärenden eigenhändig unterschrieben sein muss. In Ihrem Fall heißt das: Auf dem Kündigungsschreiben, das Sie erhalten, muss die Originalunterschrift Ihres Mieters stehen. Bei einem Fax erhalten Sie aber immer nur eine kopierte Unterschrift. Das Original bleibt ja beim Mieter. Eine Kündigung per Fax ist daher unwirksam.

## 105
## Wann zählt der Samstag bei Kündigung und Zahlungsverzug als Werktag?

*Bei der Berechnung von Kündigungstermin und Fälligkeit der Miete bin ich mir immer wieder unsicher, ob der Samstag mitzählt. Wann ist dies der Fall?*

Bei dieser Frage herrscht selbst unter erfahrenen Mietverwaltern Unsicherheit, zumal deren Antwort nicht gesetzlich geregelt ist und beide Punkte nach Auffassung des BGH unterschiedlich zu handhaben sind.

- Kündigung
  Eine ordentliche Kündigung ist von Vermieter und Mieter immer nur „zum 3. Werktag" eines Monats möglich (§ 573c BGB). Es gilt: Bei der Berechnung dieser sogenannten Karenzzeit von 3 Werktagen ist der Samstag als Werktag mitzuzählen, wenn nicht der letzte 3. Tag der Karenzfrist darauf fällt (BGH, Urteil v. 27.04.05, Az. VIII ZR 206/04).

- Fälligkeit der Miete
  Nach den meisten Mietverträgen und auch nach dem Gesetz (§ 556b BGB) muss der Mieter seine Miete (und die Betriebskosten) zahlen „bis zum 3. Werktag eines Monats für diesen Monat". Es gilt: Bei der Berechnung der Fälligkeit der Miete zählt der Samstag nicht mit (BGH, Urteil v. 13.07.10, Az. VIII ZR 129/09).

# Schönheitsreparaturen

## 106
## Muss der Mieter nun nicht mehr renovieren?

*Mein Mieter meint, er müsse trotz seiner Verpflichtung im Mietvertrag nicht renovieren, weil er die Mietwohnung nicht vollständig renoviert erhalten habe. Das stimmt aber nicht, die Wohnung war damals völlig in Ordnung und erst wenige Monate zuvor gestrichen worden. Was kann ich tun?*

In der Tat hat der BGH entschieden, dass Mieter trotz gültiger Klausel nur dann renovieren müssen, wenn sie die Mietwohnung selbst renoviert bezogen haben oder zum Ausgleich für den eine unrenoviert übergebene Wohnung eine angemessene Entschädigung erhielten (Urteil v. 18.03.15, Az. VIII ZR 185/14).

**Aber:** In ihrem Urteil stellten die Richter auch klar, dass die Wohnung nicht „frisch" renoviert sein muss. Die Renovierung kann auch schon etwas zurückliegen und die Wohnung seither sogar genutzt worden sein. Entscheidend ist nur, dass die Wohnung bei Mietbeginn allenfalls geringe Gebrauchsspuren hatte. In diesem Fall ist sie einer renovierten Wohnung gleichzusetzen und der Mieter muss – eine wirksame Klausel vorausgesetzt – die erforderlichen Schönheitsreparaturen vornehmen.

Wann die Gebrauchsspuren gering sind, kann nur für den Einzelfall geklärt werden. Nach Meinung des Landgerichts Berlin ist dies nicht anzunehmen und eine Wohnung renovierungsbedürftig, wenn die Fenster zum Zeitpunkt der Übergabe an den Mieter nicht frisch gestrichen sind und Lackabplatzungen aufgewiesen haben (Beschluss v. 04.06.15, Az. 67 S 140/15).

**Ihr Vorteil:** Ob die Wohnung so beschaffen war, dass Sie vom Mieter nicht zu renovieren ist, muss im Streitfall der Mieter beweisen.

## 107
## Teilrenovierte Wohnung – darf ich Schönheitsreparaturen von meinem Mieter verlangen?

*Mein Mieter ist laut Mietvertrag zu Schönheitsreparaturen verpflichtet. Gilt diese Pflicht noch? Bei Mietbeginn waren Küche, Bad und ein Zimmer vom Vormieter renoviert worden, die beiden weiteren Zimmer jedoch nicht. Der neue Mieter hatte das nicht beanstandet.*

Nach der aktuellen BGH-Rechtsprechung zu den Schönheitsreparaturen (Urteil v. 18.03.15, Az. VIII ZR 185/14) ist ein Mieter nur noch in 2 Fällen zu Renovierungen bei Mietende verpflichtet:

1. Die Wohnung wurde dem Mieter renoviert übergeben.
2. Der Mieter hat einen angemessenen Ausgleich für bereits zu Mietbeginn notwendige Renovierungsarbeiten erhalten nach Meinung des Landgericht Berlin hält eine Miete als Nachlass für angemessen, Urteil v. 02.10.15, Az. 63 S 355/14).

Selbstverständlich muss darüber hinaus – wie bisher – der Mietvertrag den Mieter zu Renovierungsarbeiten im zulässigen Umfang verpflichten. Feste Fristenpläne oder konkrete Farbvorgaben etwa sind weiterhin unzulässig. Es kommt also nach wie vor auf die konkrete Formulierung der Renovierungsklausel an. Hinzukommen muss aber jetzt nach BGH eine der beiden oben genannten Zusatzbedingungen.

**Bitte beachten Sie:** Ob die Wohnung bei Mietbeginn bereits renovierungsbedürftig war, ist vom Mieter zu beweisen. Kann er beweisen, dass Teile der Wohnung – also wie in Ihrem Fall etwa 2 Zimmer – bei Mietbeginn renovierungsbedürftig waren, braucht er jetzt bei Mietende nicht zu renovieren (siehe auch vorherige Frage). Und das betrifft dann die ganze Wohnung. Dass Ihr Mieter bei Mietbeginn den Renovierungsbedarf der beiden Zimmer nicht beanstandet hatte, spielt dabei keine Rolle.

Der BGH hat ausdrücklich festgestellt, dass eine Aufteilung auf renovierte und unrenovierte Teile der Wohnung nicht in Betracht kommt (Urteil v. 18.03.15, Az. VIII ZR 185/14). Vielmehr ist die Renovierungsverpflichtung Ihres Mietvertrags dann insgesamt unwirksam.

## 108
## Darf ich statt Schönheitsreparaturen von meinem Mieter Geldersatz verlangen?

*Mein Mieter zieht in 2 Monaten aus. Er ist laut Mietvertrag zu Schönheitsreparaturen verpflichtet. Das nützt mir jedoch nichts, denn ich möchte die Wohnung vor einer Weitervermietung umfassend modernisieren. Kann ich verlangen, dass der Mieter statt der Renovierung Geld an mich zahlt? Welchen Betrag kann ich dann fordern?*

Ja, Sie dürfen von Ihrem Mieter einen finanziellen Ausgleich anstelle der Schönheitsreparaturen verlangen. Dies wird seit einem Rechtsentscheid des BGH allgemein so gehandhabt (BGH, RE v. 30.10.84, Az. VIII ARZ 1/84).

Voraussetzung ist allerdings, dass Sie Ihrem Mieter rechtzeitig vorher mitteilen, dass Sie nach seinem Auszug modernisieren wollen und er deshalb nicht renovieren soll, sondern Sie stattdessen einen entsprechenden finanziellen Ausgleich geltend machen. Denn wenn der Mieter diese Sachlage nicht kannte und deshalb schon renoviert hat, können Sie selbstverständlich nicht zusätzlich noch Geld von ihm fordern.

Hinsichtlich der Höhe Ihrer Ausgleichsforderung ist zu berücksichtigen, dass der Mieter grundsätzlich berechtigt ist, Schönheitsreparaturen in Eigenleistung zu erbringen. Ihr Ausgleichsanspruch besteht daher nur in Höhe derjenigen Kosten, die der Mieter dadurch, dass er jetzt nicht zu renovieren braucht, einspart. Hätte der Mieter ein Malerunternehmen beauftragt, können Sie den Betrag fordern, den dieses Unternehmen für die Renovierung in Rechnung gestellt hätte.

Hätte Ihr Mieter die Arbeiten aber selbst oder durch Bekannte erledigt, reduziert sich Ihr Ausgleichsanspruch auf die Materialkosten sowie den geschätzten Wert der Eigenleistung. Ein Betrag von 10 bis 15 € pro Person und Stunde ist dabei meistens angemessen.

## 109
## Mieter renoviert ohne Verpflichtung – muss ich ihm die Kosten erstatten?

*Nicht selten stellen Mieter erst nach vorgenommener Renovierung fest, dass eine Pflicht hierzu gar nicht bestand, weil die betreffende Renovierungsklausel unwirksam ist. In einem solchen Fall ist zu unterscheiden, ob das Mietverhältnis andauert oder beendet ist.*

Erfreulich ist zunächst, wenn der Mieter in einem noch laufenden Mietverhältnis nicht geschuldete Schönheitsreparaturen ausführt. Hier kann er von Ihnen keine Erstattung der aufgewendeten Kosten verlangen. Denn die Renovierung kommt dem Mieter selbst zugute; der Vermieter ist also nicht „ungerechtfertigt bereichert", was Voraussetzung für eine Kostenerstattung wäre (LG Berlin, Urteil v. 07.03.14, Az. 63 S 575/12).

Anders ist es, wenn der Mieter bei Mietende renoviert in der irrigen Annahme, hierzu verpflichtet zu sein. Da hier der renovierte Zustand der Wohnung dem Vermieter bei der Nachvermietung nutzt, muss er dem Mieter die Kosten für eine nicht geschuldete, aber gleichwohl vorgenommene Renovierung ersetzen, wenn und soweit diese fachgerecht ausgeführt worden ist (BGH, Urteil v. 27.05.09, Az. VIII ZR 302/07).

Präsentiert Ihnen der Mieter seine Rechnung für aufgewendete Renovierungskosten, heißt das aber nicht, dass Sie nun auf jeden Fall zahlen müssen. Prüfen Sie zunächst:

- Ist die Renovierungsklausel tatsächlich unwirksam gewesen, wie der Mieter behauptet?
- Hat der Mieter die Schönheitsreparaturen anlässlich seines Auszugs durchgeführt? Sie brauchen nicht zu zahlen, wenn der Mieter bereits während des laufenden Mietverhältnisses renoviert hat, da ihm die Ausgaben dann nicht wegen einer vermeintlichen Verpflichtung, sondern aus eigenem Interesse entstanden sind.
- Hat der Mieter die Renovierung ordnungsgemäß durchgeführt oder ist sie mangelhaft, sodass seine Aufwendungen unnütz waren? Kosten einer mangelhaften Renovierung brauchen Sie nicht zu ersetzen.

**Tipp:** Prüfen bzw. berechnen Sie genau die Verjährung. Der Mieter kann seine Erstattungsansprüche bei Ihnen nämlich nur binnen 6 Monaten geltend machen (§ 548 Abs. 2). Die Frist beginnt mit dem letzten Tag des Mietverhältnisses; der Tag der Wohnungsrückgabe ist hier irrelevant. Ist diese Frist verstrichen, schulden Sie keine Erstattung mehr.

## 110
## Übermäßige Abnutzung: Darf ich eine Renovierung schon vor Fristablauf fordern?

*Meine Renovierungsklausel ist wirksam, zumal der Mieter die Mieträume bei Mietbeginn selbst renoviert bezogen hat. Bei einer Besichtigung habe ich festgestellt, dass die Räume schon nach 3 Jahren stark abgenutzt sind. Darf ich vom Mieter die Renovierung verlangen?*

Die meisten Renovierungsklauseln in Mietverträgen beinhalten einen Fristenplan, nach dem bestimmte Räume nach Ablauf bestimmter Zeitspannen zur renovieren sind. Was viele nicht wissen: Bei übermäßiger Abnutzung können Sie von Ihrem Mieter schon vor Ablauf dieser Fristen Schönheitsreparaturen verlangen.

Ein typischer Fristenplan lautet etwa: „In der Regel sind Schönheitsreparaturen in Küchen, Bädern und Duschen alle 3 Jahre, in Wohn- und Schlafräumen, Fluren, Dielen und Toiletten alle 5 Jahre und in anderen Nebenräumen alle 7 Jahre erforderlich."

Anders als viele Mieter meinen, sind Fristenpläne nicht per se unwirksam, sondern nur, wenn sie „starr" gefasst sind. Das ist der Fall, wenn ein Mieter Schönheitsreparaturen unabhängig von ihrer Erforderlichkeit vornehmen muss. Steht im Fristenplan, dass Ihr Mieter „in der Regel" nach Ablauf der genannten Fristen renovieren muss, kann er die Klausel nicht beanstanden. Er muss dann renovieren, wenn daran Bedarf besteht und er selbst die Wohnung bei Mietbeginn renoviert überhalten hat. Nach der Meinung der Gerichte (etwa OLG Düsseldorf, Urteil v. 01.10.09, Az. I 10 U 58/09) dürfen Sie von Ihrem Mieter schon vor Ablauf der Fristen Schönheitsreparaturen verlangen, wenn die folgenden 4 Voraussetzungen gegeben sind:

1. Die Mieträume sind so abgewohnt, dass eine Renovierung schon vor Ablauf der Regelfristen erforderlich ist.
2. Sie können den Renovierungsbedarf beweisen.
3. Der Renovierungsbedarf und die Erforderlichkeit bestimmter Renovierungsarbeiten wurden dem Mieter erwiesenermaßen dargelegt.
4. Der Mieter wurde nachweislich und unter Setzung einer hierfür angemessenen Frist aufgefordert, die erforderlichen Arbeiten vorzunehmen.

Die Begründung ist einfach: Die Regelfristen in Mietverträgen sind nur Durchschnittswerte, die zeigen, dass normalerweise nach dem Ablauf dieser Zeiträume Renovierungsbedarf besteht. Im Einzelfall kann dies aber ganz anders aussehen. So „schaffen" es manche Mieter, dass die Wohnung nach nur kurzer Mietzeit so aussieht, wie bei anderen nach 4 oder mehr Jahren.

## 111
## Muss mein Mieter im laufenden Mietverhältnis renovieren?

*Vor 8 Jahren habe ich einen Mietvertrag geschlossen, der meinen Mieter zu laufenden Schönheitsreparaturen verpflichtet. Diese sind „im Allgemeinen" nach den üblichen Fristen (3, 5 und 7 Jahre je nach Art des Raums) fällig. Der Mieter hat die ihm renoviert übergebene Wohnung bisher nie renoviert. Kann ich jetzt von ihm Schönheitsreparaturen verlangen, oder muss ich warten, bis er irgendwann auszieht?*

Die Schönheitsreparaturklausel in Ihrem Mietvertrag enthält einen sogenannten „weichen Fristenplan": Die genannten Fristen gelten nur im Allgemeinen, sodass der Mieter die Renovierung ablehnen kann, wenn noch kein Renovierungsbedarf besteht.

Da die Renovierungsklausel – soweit wir hier erkennen können – wirksam ist, dürfen Sie auch von Ihrem Mieter verlangen, dass er die Schönheitsreparaturen ausführt. Da seit Mietbeginn 8 Jahre vergangen sind, ist davon auszugehen, dass tatsächlich auch ein Renovierungsbedarf besteht.

Bedenken Sie jedoch Folgendes, bevor Sie den Mieter zur Renovierung auffordern: Wenn Ihr Mieter jetzt renoviert und später auszieht, bevor die Renovierungsfristen erneut abgelaufen sind, dann muss er bei seinem Auszug nicht noch einmal renovieren. Er darf Ihnen dann die Wohnung in dem gebrauchten Zustand zurückgeben.

Führt der Mieter aber während der Mietzeit keine Schönheitsreparaturen durch, dann können Sie, weil bei seinem Auszug nach mehr als 8 Jahren auf jeden Fall Renovierungsbedarf bestehen wird, am Mietende die Schönheitsreparaturen fordern und erhalten dann eine frisch renovierte Wohnung zurück.

**Fazit:** Sie können Schönheitsreparaturen im laufenden Mietverhältnis verlangen. Wenn Sie aber in der nächsten Zeit mit einer Kündigung des Mieters rechnen, ist es für Sie nicht sinnvoll, bereits jetzt auf einer Renovierung zu bestehen.

# Schadensersatzansprüche gegen den Mieter

## 112
## Wer haftet für abgebrochenen Wohnungsschlüssel?

*Beim Aufschließen der Wohnungstür ist meinem Mieter der Schlüssel so abgebrochen, dass noch ein Teil im Schloss stecken blieb. Kann ich verlangen, dass er mir die Reparaturkosten erstattet?*

Zum Ersatz der Kosten ist der Mieter nur dann verpflichtet, wenn er den Schaden schuldhaft herbeigeführt hat. Das bedeutet: Nur wenn Sie Ihrem Mieter nachweisen können, dass er den Schlüssel in unüblicher Weise – also mit einem Übermaß an Kraft – verwendet hat, haftet er Ihnen für den entstandenen Schaden (so AG Halle/Saale, Urteil v. 17.03.09, Az. 93 C 4044/08). Die Praxis zeigt jedoch, dass ein solcher Nachweis kaum zu erbringen ist.

## 113
## Wie berechne bei Schäden durch den Mieter einen Abzug „neu für alt"?

*Mein Mieter hat die Duschabtrennung beschädigt. Eine Reparatur war nicht möglich, sodass ich die Abtrennung habe erneuern lassen. Die Kosten in Höhe von 1.850 € will er nur anteilig zahlen. Ich müsse einen Abzug „neu für alt" berücksichtigen. Wie mache ich das?*

Einen Abzug „neu für alt" müssen Sie immer dann berücksichtigen, wenn Sie bei einem Schadenersatzanspruch den beschädigten Gegenstand nicht reparieren lassen, sondern austauschen. Denn auf diesem Weg erhalten Sie statt der alten Sache eine neue und damit einen wirtschaftlichen Vorteil. Für diesen muss Ihr Mieter aber nicht aufkommen.

Die Höhe des Abzugs „neu für alt" ist abhängig vom bisherigen Alter und von der üblichen Lebensdauer des beschädigten Gegenstands. Diese ist qualitätsabhängig. Fragen Sie beim Hersteller nach.

| Berechnung des Abzugs „neu für alt" | |
|---|---|
| Kosten der neuen Duschabtrennung | 1.850 € |
| Übliche Lebensdauer einer Duschabtrennung von vergleichbarer Qualität | 20 Jahre<br>= 100%<br>= 1.850 € |
| Alter der Duschabtrennung bei Beschädigung | 5 Jahre<br>= 25%<br>von 20 Jahren |
| Höhe des Abzugs „neu für alt" | 25% |
| Höhe des Schadenersatzanspruchs | 75% =<br>1.387,50 € |

## 114
## Balkon-Abfluss vereist – haftet der Mieter?

*Meine Mieter haben mir mitgeteilt, dass vom Balkon der über ihnen gelegenen Wohnung Wasser in ihr Wohnzimmer gedrungen sei. Dies hat sich bestätigt: Der Abfluss auf dem Balkon war verdreckt und zugefroren. Nun mindern meine Mieter die Miete und ich soll die Schäden beseitigen – zu Recht?*

Mieter sind verpflichtet, dafür Sorge zu tragen, dass Wasser vom Balkon über einen dort vorhandenen Abfluss abfließen kann. Tut ein Mieter das nicht, haftet er dem Vermieter für alle daraus entstehenden Schäden. Hierzu gehören die Reparatur- und Renovierungskosten einschließlich der Stromkosten für Trocknungsgeräte und die Mietausfälle wegen einer angemessenen Mietminderung ihrer vom Wasserschaden und seiner Beseitigung beeinträchtigten Mieter (AG Berlin-Neukölln, Urteil v. 05.10.11, Az. 13 C 197/11).

## 115
## Wie lange haftet mir der gekündigte Mieter für Mietausfälle?

*Ich habe meinen Mietern am 19. Februar fristlos gekündigt. Am 3. April sind sie ohne Vorankündigung ausgezogen. Erst danach konnte ich beginnen, einen neuen Mieter zu suchen. Bisher habe ich keinen Nachmieter gefunden. Müssen die ausgezogenen Mieter mir diesen Mietausfall ersetzen?*

Ja. Hat ein vertragswidriges Verhalten Ihrer Mieter zur fristlosen Kündigung geführt, müssen diese Ihnen die finanziellen Einbußen ersetzen, die durch die vorzeitige Beendigung des Mietverhältnisses entstanden sind.

Unterscheiden Sie jedoch: Solange Ihre Mieter die Räume noch genutzt haben, also bis zum 3. April, müssen sie Ihnen eine Nutzungsentschädigung zahlen. Und zwar nach Ihrer Wahl entweder in Höhe der bisherigen Miete oder in Höhe der ortsüblichen Vergleichsmiete. Ab dem 4. April können Sie dann Ihren Mietausfall als Schadenersatz in Höhe der bisherigen Miete geltend machen. Dieser Schadenersatzanspruch reicht längstens bis zu dem Zeitpunkt, in dem das Mietverhältnis auch ohne Ihre fristlose Kündigung frühestens beendet worden wäre. Hatten Sie einen Mietvertrag über eine feste Laufzeit ohne ordentliche Kündigungsmöglichkeit abgeschlossen, bedeutet das: Sie können den Ersatz Ihres Mietausfallschadens für die gesamte noch verbleibende Vertragslaufzeit fordern. Konnten Ihre Mieter aber jederzeit mit 3-monatiger Frist kündigen, wird der Mietausfallschaden so berechnet, als hätten sie tatsächlich zum nächstmöglichen Zeitpunkt nach Ihrer fristlosen Kündigung selbst gekündigt.

Also: Nach Ihrer Kündigung am 19. Februar hätten Ihre Mieter Ende Februar zum 31. Mai kündigen können – vorausgesetzt, es war kein Kündigungsausschluss vereinbart. Mietausfall können Sie daher bis maximal

31. Mai verlangen. Gelingt Ihnen eine Weitervermietung bereits vor dem 31. Mai, aber zu einem geringeren Mietzins müssen Ihre Mieter die entgangene Differenz bis zum 31. Mai zahlen.

**Bedenken Sie:** Ihr Schadenersatzanspruch endet auch, wenn Ihre Mieter Ihnen nachweisen können, dass die Weitervermietung sich nur deshalb verzögert hat, weil Sie sich nicht ausreichend um einen Nachmieter gekümmert haben. Heben Sie daher sämtliche Inserate, Maklerauftrage oder andere Unterlagen zum Nachweis Ihrer Vermietungsbemühungen auf.

## 116
## Was kann ich tun, wenn ich nach Wohnungsrückgabe noch Schäden entdecke?

*Bei Wohnungsrückgabe sind mir keine Schäden aufgefallen. Dementsprechend sind im Protokoll keine Mängel eingetragen. Kurz darauf stellte sich heraus, dass die Mieterin Hygieneartikel unsachgemäß in der Toilette entsorgt und dadurch den Abfluss verstopft hat. Kann ich die Rohrreinigungskosten von der Mieterin fordern?*

Das hängt davon ab, ob Sie die Verstopfung bei einmaliger Betätigung der Toilettenspülung bereits hätten erkennen können oder nicht.

Die meisten Gerichte gehen davon aus, dass die vorbehaltlose Rücknahme der Mieträume es grundsätzlich ausschließt, im Nachhinein noch Forderungen wegen erst später entdeckter Mängel gegen den Mieter geltend zu machen. Es liegt in Ihrer Verantwortung, die Wohnung bei Rückgabe gründlich zu untersuchen.

Dabei sind die Anforderungen an eine gründliche Besichtigung sehr hoch. Sich lediglich einen optischen Eindruck zu verschaffen, genügt nicht. Schäden, die durch Betätigen der Toilettenspülung, der Wasserhähne und der Lichtschalter aufgefallen wären, können nicht nachträglich geltend gemacht werden. Für Schäden, die auch bei einer gründlichen Besichtigung objektiv nicht erkennbar gewesen sind, können Sie demgegenüber auch ohne Nennung im Protokoll später noch Ersatz fordern. Typisches Beispiel: Der Mieter hat Schimmelflecken vor seinem Auszug mit Farbe überstrichen.

## 117
## Mein Mieter hat die Wohnungsschlüssel verloren – und jetzt?

*Als mein ehemaliger Mieter die Wohnung nach Kündigung des Mietverhältnisses zurückgegeben hat, fehlte ein Wohnungsschlüssel. Das ist sehr ärgerlich, denn der Schlüssel dient auch zum Abschließen der Haustür. Nun weigert sich mein Mieter, mir die Kosten einer neuen Schließanlage zu ersetzten weil er den Schlüssel bereits vor über einem Jahr verloren habe und bislang nichts passiert sei. Das kann doch nicht sein, oder?*

Hat Ihr Mieter einen Haustürschlüssel verloren, spielen die Umstände des Verlierens eine Rolle dafür, ob er Ihnen die Kosten für den Einbau einer neuen Schließanlage ersetzen muss.

Besteht durch den Schlüsselverlust keine Gefährdungslage, muss der Mieter Ihnen den Einbau einer neuen Schließanlage nicht ersetzen. Das ist immer dann der Fall, wenn der Schlüssel keinen Hinweis auf den Eigentümer trägt.

Anders sieht es aber aus, wenn eine missbräuchliche Verwendung der Schlüssel zu befürchten ist. So etwa, wenn er zusammen mit aussagekräftigen Papieren verschwindet. Dann muss Ihr Mieter Ihnen die Kosten einer neuen Schließanlage auch dann ersetzen, wenn der Schlüssel bereits vor einiger Zeit verloren gegangen ist und bislang nichts passiert ist (BGH, Urteil v. 05.03.14, Az. VIII ZR 205/13). Der Schadenersatzanspruch besteht aber nur bei auf der Grundlage und nicht, anders als sonst, auf der Grundlage eines Kostenvoranschlages.

# Mietsachen vor Gericht

## 118
## Mein Mieter hat seit Kurzem einen Betreuer – hat das Einfluss auf unser Mietverhältnis?

*Mein Mieter, 83 Jahre alt und etwas senil, hat seit Kurzem einen Betreuer. Gibt es Besonderheiten, die ich dadurch beachten muss?*

Entscheidend ist, ob es sich um einen vom Vormundschaftsgericht bestellten Betreuer handelt. Nur wenn dem Betreuer durch das Gericht die Aufenthaltsbestimmung Ihres Mieters oder der Aufgabenkreis Mietverhältnis oder Rechtsangelegenheiten übertragen ist, müssen Sie dies berücksichtigen. Am besten lassen Sie sich die Bestellungsurkunde vorlegen.

Ist der Betreuer gerichtlich bestellt und auch für den Bereich Mietverhältnis zuständig, ist es der sicherste Weg, Ihre Betriebskostenabrechnungen, Mieterhöhungsverlangen, Abmahnungen und Kündigungserklärungen sowohl dem Mieter als auch dem Betreuer als Stellvertreter des Mieters zukommen zu lassen. Bei rechtsgeschäftlichen Erklärungen gegenüber einem unter Betreuung stehenden Mieter besteht sonst das Risiko, dass sich im Nachhinein herausstellt, dass der Mieter bereits beim Zugang Ihrer Erklärung geschäftsunfähig war. Und eine Erklärung nur gegenüber dem geschäftsunfähigen Mieter wäre unwirksam.

Kündigen können Sie das Mietverhältnis mit einem Betreuten, ebenso wie bei jedem anderen Mieter, wenn Sie ein berechtigtes Interesse daran haben, etwa Mietzahlungsverzug, Vertragsverletzungen oder Eigenbedarf. Die Betreuung als solche stellt keinen Kündigungsgrund dar.

Bei Erklärungen der Mieterseite, beispielsweise einer Zustimmung zur Mieterhöhung, ist ebenfalls Vorsicht geboten. Auf der sicheren Seite sind Sie, wenn die Erklärung vom Betreuer im Rahmen seines Aufgabenkreises abgegeben wird.

Erklärungen des betreuten Mieters können ebenfalls wirksam sein. Aber Achtung: Hat das Gericht in der Bestellungsurkunde einen Einwilligungsvorbehalt angeordnet? Dann nämlich gelten Erklärungen Ihres Mieters nur mit Einwilligung des Betreuers.

Eine Besonderheit gilt bei der Beendigung des Mietverhältnisses. Hier ordnet § 1907 BGB an, dass der Betreuer für eine (Mieter-)Kündigung oder einen einvernehmlichen Mietaufhebungsvertrag die Genehmigung des Vormundschaftsgerichts benötigt. Eine Kündigung oder Mietaufhebungsvereinbarung des Betreuers ist also nur dann wirksam, wenn das Gericht bereits vorab seine Genehmigung hierzu erteilt hat.

## 119
## Mietprozess verloren – haftet mir mein Anwalt?

*Kürzlich habe ich einen Mietprozess deshalb verloren, weil mein Anwalt den Amtsrichter nicht auf ein für mich günstiges BGH-Urteil hingewiesen hat. Ich konnte auch nicht in die Berufung gehen, weil meine Klageforderung nicht mehr als 600 € betrug. Mein Anwalt sagt: „Die höchstrichterliche Rechtsprechung muss ein Richter schon selbst kennen.“ Kann ich wirklich nichts machen?*

Doch, Sie können Ihren Anwalt verklagen, denn er haftet Ihnen dafür, dass er das Gericht nicht auf die für Sie günstige Rechtslage hingewiesen hat. Das heißt konkret: Der Schaden, den Sie wegen dieses Fehlers erlitten haben, muss Ihnen der Anwalt (der für solche Fälle eine Berufshaftpflichtversicherung haben muss) ersetzen – dem Betrag nach also die ursprüngliche Klageforderung gegen Ihren Mieter.

Diese Haftung ist höchstrichterlich entschieden: Zuerst hat sie der BGH bestätigt (Urteil v. 18.12.08, Az. IX ZR 179/07), später sogar auch noch das Bundesverfassungsgericht (Beschluss v. 22.04.09, Az. 1 BvR 386/09).

Auch dann, wenn ein Anwalt nachweislich einen falschen Rechtsrat erteilt, eine Frist versäumt oder es unterlässt, in einem Verfahren das Gericht auf die entscheidungserheblichen Punkte hinzuweisen, haftet er seinem Mandanten auf Schadenersatz, wenn der Fehler ursächlich für den Schaden ist.

## 120
## Wer kann im Mietprozess Zeuge des Vermieters sein?

*Ich möchte meinem Mieter kündigen. Da es schon Streit gegeben hat, möchte ich das Kündigungsschreiben mit einem Zeugen in den Mieterbriefkasten einwerfen. Kann meine Ehefrau oder mein Hausmeister dieser Zeuge sein oder muss ich einen Bekannten hinzuziehen, der nicht zur Familie gehört und mit dem Haus sonst nichts zu tun hat?*

Grundsätzlich gilt: Zeuge in einem Zivilgerichtsprozess kann jede Person sein, die nicht selbst Partei des Rechtsstreits ist. Daher ist es Ihnen möglich, Angehörige, Angestellte und sogar Minderjährige als Zeugen im Mietprozess zu benennen.

Ob Ihre Ehefrau Zeugin sein kann, hängt also davon ab, ob sie mit Ihnen zusammen als Vermieterin im Mietvertrag genannt ist und den Vertrag auch unterschrieben hat. Ist sie laut Mietvertrag nicht Vermieterin, kann sie als Zeugin auftreten.

Auch ein Hausmeister oder Hausverwalter kann Ihr Zeuge sein. Diese Personen mögen zwar von Ihnen bevollmächtigt sein, in der einen oder anderen Weise als Vertreter in Ihrem Namen zu handeln. Sie werden durch eine solche Bevollmächtigung aber nicht zum Vermieter und sind daher im Rechtsstreit nicht selbst Partei, also Kläger oder Beklagter.

Der immer wieder anzutreffende Irrtum, Familienangehörige oder eigene Angestellte dürften nicht als Zeugen auftreten, hängt mit der Notwendigkeit der Beweiswürdigung zusammen. Der Richter im Prozess muss sich nämlich eine Überzeugung davon bilden, ob die Aussage des Zeugen für ihn glaubhaft ist oder nicht. Hierbei kann es dann durchaus eine Rolle spielen, ob Ihr Zeuge beispielsweise von Ihnen finanziell abhängig ist oder es wegen der engen familiären Bindung vermeidet, eine für Sie ungünstige Aussage zu machen. Einen generellen Grundsatz, dass die Aussage von Ehepartnern oder Mitarbeitern unwahr sei, gibt es jedoch nicht und darf auch ein Richter nicht unterstellen.